신천지의 정체

현대종교 이단사이비 자료집 개정판

신천지의 정체

올바른 신앙 건강한 삶을 위한
현 대 종 교

현대종교 이단사이비 자료집 | 개정판

신천지의 정체

초 판1쇄 펴낸날 2014년 8월 10일
초 판2쇄 펴낸날 2016년 6월 1일
개정판1쇄 펴낸날 2018년 5월 10일
개정판3쇄 펴낸날 2025년 5월 20일

펴낸이 탁지원
펴낸곳 현대종교
엮은이 현대종교 편집국
디자인 차순주

등록번호 제 306-19890-3호(1989. 12. 16)

주 소 12106 경기도 남양주시 순화궁로 249, M동 1215호
(별내동 파라곤스퀘어)
T.031)830-4455~7   F.031)830-4458
www.hdjongkyo.co.kr
e-mail: hd4391@hdjongkyo.co.kr

ISBN 978-89-85200-09-7 (03230)

값 6,000원

- 잘못 만들어진 책은 교환해 드립니다.
- 본사의 허락없이 본서 내용의 전재·모방·일부 게재를 불허함

현대종교 선언

1. 「현대종교」는 국내외 기독교계 신흥종교운동 및 이단사이비운동에 대한 신속정확하고 공신력 있는 정보를 교회와 사회에 제공함으로써, 종교문제의 예방 및 재발방지를 돕는다. 이를 위해, 피해자, 피해자의 가족 및 친구, 교회, 교단, 정부사회기관, 학교 및 연구기관, 언론매체 등이 필요로 하는 연구결과를 제공한다.

2. 「현대종교」는 국내외 관련분야 연구자 및 연구단체들과 정보교류 및 인적교류를 통해 상호 협력함으로써 국제적 차원에서의 종교문제에 대한 효과적 대응 및 지속적인 상호 발전을 도모한다.

3. 「현대종교」는 각종 종교문제의 상담 및 해결을 요청받을 경우 필요한 상담과 자료를 제공하며, 정보제공 및 상담과 관련한 모든 내용에 관한 비밀을 지킨다. 또한 필요할 경우 전문가 및 단체와 연결해주며, 동일한 종교문제로 다수의 피해자가 발생할 경우 관련 피해자들이 상호 연대하여 문제를 해결해 나아갈 수 있도록 돕는다.

4. 「현대종교」는 종교문제 예방 및 대처에 관심이 있는 모든 이들의 참여를 환영하며 개인, 교회 및 정부사회단체 등의 적법한 후원금을 받는다. 단 연구대상 개인 및 단체로부터의 후원금은 일체 수수하지 않는다.

차 례

현대종교 선언 ● 5

1. 신천지 교주 이만희 ● 11

2. 신천지 역사 ● 13

3. 신천지 조직 ● 16

4. 신천지 주장 ● 18

5. 신천지 활동 ● 25

6. 신천지 포교방법 ● 34

7. 신천지 피해사례 ● 47

8. 신천지 예방과 대처 ● 57

9. 신천지 피해자 수기 ● 64

10. 부록: 만화

- 가만히 들어온 자(타교회 전도방법) ● 82
- 가만히 들어온 자(가가호호 방문 전도방법) ● 87
- 우리나라에는 없어! ● 90
- 거짓말하지 마라! ● 95
- 이렇게 하면 신천지 OK! ● 100

신천지예수교증거장막성전(대표 이만희, 신천지)은 인간 이만희를 이 시대의 구원자로 믿으며 각종 위장과 거짓말로 사람들을 미혹하는 단체다. 인맞은 신천지 신도 14만 4000명이 채워지면 새 하늘과 새 땅이 열리고, 세상의 주인이 되어 왕노릇 한다는 극단적인 종말론은 학업포기, 가출, 이혼, 자살 등의 반사회적인 문제로 이어지고 있다. 과천에 본부(경기도 과천시 별양상가2로 14 4층)를 두고 전국에 12지파를 형성하고 있다.

1 신천지 교주 이만희

이만희는 1931년 9월 15일 경북 청도군 풍각면 현리에서 태어났다. 17세 때 서울 성동구 금호동에 기거하며 건축업을 하던 중, 전도사에게 이끌려 경복궁 앞 천막교회에서 세례를 받았다. 고향에 내려가 풍각장로교회에 출석하며 본격적으로 신앙생활을 시작했다. 서울로 돌아온 그는 전도관 박태선의 신앙촌에 있다가 이탈하여 1967년 장막성전을 이끌던 유재열의 집회에 참석한 후 그를 따르게 된다. 이후 재산을 빼앗기고 사기를 당했다며 이탈한다. 1971년 9월, 유재열과 신도 김창도를 고소해 법정에 세우기도 했다. 1978년에는 장막성전에서 '솔로몬'(영명)으로 통하던 백만봉을 추종하며 '솔로몬 창조교회' 12사도 중 한 명으로 있었다. 이후 자신을 따르는 세력을 규합해 경기도 안양에 신

이만희 (출처: 『신천지 발전사』)

천지 중앙교회를 설립했다. 초기에는 이만희와 홍종효 두 사람을 각각 '두 증인', '모세와 아론'으로 지칭하며 이만희가 설교를, 홍종효가 예배의 사회와 기도를 맡아 교회를 이끌었다. 두 사람은 1987년 사소한 문제로 결별했다. 홍종효는 자신만이 '진짜 예수'라고 주장하며 서울 홍제동에 증거장막성전을 세워 활동하다가 사망했다. 이만희는 과거 유재열의 장막성전을 답습했다. '피로 세운 새언약'이라고 하여 자신의 피를 뽑아 새 언약(새 언약서 뒷면에는 피로 그은 십자가가 있다)을 맺고, 이를 통해 영적 새 이스라엘 나라의 선민이 된다며 추종자들에게 '사령장'을 나눠주었다. 이만희는 스스로를 '보혜사', '이긴 자'라 칭한다. 신천지 신도들은 이만희를 육체로 영생불사하는 이 시대의 구원자로 믿고 있다.

2 신천지 역사

신천지의 뿌리는 1966년 유재열이 시작한 장막성전이다. 유재열은 자신이 보혜사 성령이라고 주장하며 사람들을 미혹했다. 이후 유재열은 신도들을 상대로 사기 등 공갈협박으로 구속됐고 장막성전은 분열됐다. 유재열의 다섯 제자는 각각 교주가 되어 각자의 장막성전을 만들었다.

그 중 이만희는 '신천지예수교증거장막성전'을 만들어 유재열의 교리를 인용, 자칭 보혜사 성령, 재림예수라고 주장하기에 이른다. 신천지 측은 유재열의 장막성전이 하나님과 피로 새운 언약을 끝까지 지키지 못해 1980년에 멸망한 것으로 정리했다. 이만희는 유재열을 비판하다가 명예훼손혐의로 고발돼 1980년 10월, 성북구치소에 98일간 수감됐고 3년 6개월간 집행유예 기간을 겪었다. 이만희는 3년 6개월의 형기가 요한계시록 11장 11절의 '삼일 반'과 다니엘 7장 25절의 '한 때, 두 때, 반 때'를 뜻한다며 자신이 증거의 실상이라고 주장했다.

『신천지 발전사』를 통해 밝히고 있는 신천지의 역사는 다음과 같다.

1981년 2월 선고 유예로 출감한 이만희는 소수의 추종자와 함께 청계산과 비산동 관악산을 다니며 선고 유예 기간을 마칠 때까지 산에서 모임을 가졌다.

1984년 2월 7일 선고 유예 기간이 끝나자 본격적인 활동을 시작한다. 같은 해 6월 3일 안양시 비산동 동산아파트 지하실에 성전을 마련하고 정식으로 예배를 시작했다. 9월 24일에는 '신천지 성헌'을 발표했는데 이 성헌에는 1984년 3월 14일이 신천지 창립일로 기록되어 있다. 12월 25일에는 문화재단을 창설해 도서출판 신천지를 발족했다.

다음 해인 1985년 4월 5일에는 안양시 비산2동 238-13호로 성전을 이전했다. 같은 해 6월 5일에는 신천지 교리서인『신탄』을 출간했고, 12월 12일에는『요한계시록의 진상』을 출간하고 집회를 시작했다. 1986년 1월 2일에는 교역자선교협의회와 영등포, 성북, 안양, 인천, 천안, 대전, 대구, 부산, 광주, 동해에 신천지 지교회를 설립했다. 12월 11일에는『계시록 완전해설』을 출간했다.

1987년 8월 16일 비산동에서 관양동 173-1호로 이사해 첫 예배를 드렸으며, 1988년 2월 25일에는『성도와 천국』이라는 소책자를 발행했다. 5월 31일,『계시록의 진상Ⅱ』를 출간했고 8월 1일에는『성도와 천국』2권을 출간했다. 1989년 4월 15일『성도와 천국』3권이 출간됐다. 1990년 1월 부산에 여명교회를 설립했고, 4월에는 성남교회를 설립했다.

1990년 6월 12일 서울 방배2동에 신천지 신학교육원을 설립한 것이 '무료성경신학원'의 시초다. 초창기에는 신천지 신도들을 대상으로 교육이 이루어졌으나 점차 기성교회 성도들을 포교하여 교육하기 시작했다. 이후 1991년 1월에는 부산에서, 5월에는 광주에서 무료성경신학원을 시작했다. 1992년에는 전국에 21개의 무료성경신학원을 설립했고, 초등·중등·고등 교재로 가르쳤다. 이 시기에 『성도와 천국』 4권을 출간한다. 같은 해 1월 14일 유월절을 기념해 신천지 전국 성도가 '예수님의 새언약'에 따라 피로 언약했다. 1993년에는 마산, 전주, 포항에 지교회를 설립했고 인천에 120여 평(약 397㎡)의 교회를 열었다. 본부 산하 신학원이 8개 추가돼 총 15개 신학원이 세워졌으며 전국에는 45개의 신학원이 설립됐다.

1995년 3월 14일, 신천지 창립 11주년 기념일에 본부 7교육장, 12지파장, 24장로 등의 보좌조직을 구성했다. 『성도와 천국』 5권이 발행됐고, 1996년 5월 31일 『영핵』을 출간한다. 이후 계속되는 신천지 신학원의 확장을 통해 현재까지 수단과 방법을 가리지 않는 포교활동을 해오고 있다. 2018년 현재 신도 수는 약 19만 명으로 알려져 있으며, 본부 12개소를 포함해 국내 시설 1275개소가 있고, 약 5200억 원의 재산을 보유하고 있다.

3 신천지 조직

신천지의 조직은 이만희를 중심으로 총회가 구성되어 있다. 총회장 이만희 아래 7교육장이 있고 전국에 12지파장과 24장로가 있다. 총회에는 24부서가 있는데 정부로 말하면 행정을 담당하는 각 부처와 같다. 그리고 24부서를 총찰하는 총무가 있다. 국가로 말하면 국무총리와 같은 역할이다. 하나님 보좌를 둘러쌌다는 24장로는 총무부, 행정서무부, 내무부, 기획부, 재정부, 교육부, 신학부, 해외선교부, 전도부, 문화부, 출판부, 정보통신부, 찬양부, 섭외부, 국내선교부, 홍보부, 법무부, 감사부, 건설부, 체육부, 사업부, 보건후생복지부, 봉사교통부, 외교정책선교부 등 24개 부서와 6개 분과로 나눠 행정 실무를 담당하고 있다. 7교육장은 교육, 기획, 감사를 맡고 있다.『신천지 발전사』에 따르면, 신천지는 요한계시록 4장과 21장의 '새하늘과 새땅'을 상징하며 영계보좌를 지상에 옮겨 놓은 형태라고 주장한다.

1) 7교육장

일곱 명의 교육장은 계시록 4장의 보좌 앞 일곱 등불의 영의 상징으로 신천지의 모든 교육과 기획을 책임지고 있다. 총회장의 눈 역할로 전국을 순방하며 총회 및 지방 12지파의 24개 부서 행정을 감사하고 보고하는 업무를 담당하고 있다.

2) 12지파장

12지파장은 총회본부와 자기 지방에 지파 보좌를 두고 총회 보좌 조직과 같이 24개 행정 업무를 두며 지교회와 신학원을 운영, 치리하며 매월 총회에 행정 업무를 보고한다. 12지파장은 12문, 12기초석, 12사도를 상징한다. 이들은 영적 새이스라엘 나라 완성, 12지파 완성을 위해 소위 인치는 사역을 한다. 요한지파(서울), 시몬지파(경기 고양, 서울 영등포), 베드로지파(전남 광주) 바돌로매지파(서울 강서, 부천, 김포), 야고보지파(경남 부산), 마태지파(인천), 안드레지파(경남 부산), 맛디아지파(충청 대전), 다대오지파(경북 대구), 야고보지파(서울, 경기, 의정부), 빌립지파(강원 원주), 도마지파(전북 전주)로 나뉘어있다.

3) 24장로

총회 본부 24장로는 총회 행정 업무를 담당하고 보고 및 지시를 담당하며 매월 각 지방 12지파에서 보고한 업무를 검토하고 그 결과를 총무장로를 통해 총회장에게 보고한다.

4 신천지 주장

　신천지의 성경교육은 초급, 중급, 고급으로 나눠진 6~8개월 과정이다. 모든 교육과정은 주제별로 구성되어 있다. 신천지의 성경공부 방식은 정통 교회의 '성경해석'과는 전혀 다른 소위 '비유풀이'로 진행된다. 이러한 교육과정을 마치게 되면 비로소 신천지교회 교인이 되어 2개월 동안 새신자 교육을 받게 된다. 신천지의 주요 주장은 다음과 같다.

　1) 성경론　성경은 비유와 비사로 기록된 상징의 말씀이다. 특히 요한계시록은 앞으로 일어날 일에 대해 비유, 비사로 기록됐다. 성경은 암호로 기록된 말씀이다.

　2) 구원론　오늘날 성령으로 온 지상사명자(대언자, 이만희 지칭) 즉 약속한 목자(이만희 지칭)를 보고, 믿고, 그로부터 들은 말씀을 지키는 자가 구원을 받는다.

3) 동방은 한국 한국 중에서도 일곱 금 촛대가 있는 장막교회(과천 신천지교회)에서 새 하늘 새 예루살렘이 시작될 것이다.

4) 증거장막 시대 구약이 유치원 시대라면, 예수님 때는 비유, 비사로 말씀하신 중학교 과정을 배우는 시대다. 오늘날의 계시록 시대는 대학의 과정을 마치는 완전한 시대이다. 1984년부터 예수님의 초림 복음 시대는 끝났다. 신천지예수교증거장막 시대가 도래했다.

5) 재림 예수님은 실제 구름을 타고 오시는 것이 아니다. 재림은 빛이 없는 밤에 인자인 한 육체의 사명자(이만희 지칭)에게 성령이 임하시는 것을 말한다. '이만희가 보혜사 성령이며 신천지에만 구원이 있고 신천지 신도 14만 4000명이 모이면 새하늘 새땅이 과천에서 시작되며 신천지인만 구원을 받는다'는 것이다. 하지만 신도 14만 4000명이 채워지자, 구원의 조건을 '인 맞은' 14만 4000명과 '흰무리'로 교리를 변개했다.

계시록이 응하고 있는 오늘날은 <u>계시록에 약속한 이긴 자(계2, 3장, 21:7)를 통하지 않고는 구원이 없다.</u> 이를 부인하는 사람은 예수님과 그 말씀을 믿지 않는 자이며 마귀의 영에게 조종을 받는 자이다. 천하 만국은 계시록 10장에 기록한 열린 책을 받아먹은 약속한 목자 앞으로 나아와 진리의 말씀을 배우고 소성 받아 하나님과 예수님께 감사와 영광을 돌려드려야 한다.

이긴 자(이만희 지칭)를 통하지 않고 구원이 없다고 명시하고 있는 신천지 책자

예장통합(1995년 제80회 총회)은 신천지의 교리에 대해 다음과 같이 그 문제점을 지적하고 있다.

> 1. 개 요
> 이만희는 장막성전(당시 교주 유재열)에서 이탈하여 안양에 신천지교회(신천지예수교증거장막성전)라는 것을 세웠다. 이씨는 '도서출판 신천지'를 통해서 『영원한 복음 새 노래 계시록 완전해설』, 『천국비밀 계시록의 진상』, 『하늘에서 온 책의 비밀 계시록의 진상 2』 등의 책을 펴냈는데, 이 책들은 장막성전에서 일어난 일을 말세의 사건으로 보고 거기에 맞추어 성경을 억지로 해석한 반 기독교적인 책들이다. 무료성경신학원(또는 기독교신학원)이란 곳에서는 무료로 성경을 가르쳐 준다고 선전함으로 성도들을 미혹하고 있는데 여기에서 사용되는 교재들은 이만희가 저술한 책들과 그의 사상을 토대로 만들어진 것들이다.
>
> 2. 계시론
> 이씨는 마태복음 24장과 요한계시록만 새 언약이며(『하늘에서 온 책의 비밀 계시록의 진상 2』 p.522), 신약과 구약은 무효라고 한다(『영원한 복음 새 노래 계시록 완전 해설』 p.27).
>
> 3. 기독론
> 이만희에 의하면 예수님의 성육신뿐만 아니라 예수님의 신성까지 부인된다. 그의 책에 따르면 "예수님은 육신을 입고 오신 하나님이 아니라 성령이 인간 예수의 육체에 임하심으로 하나님의 아들이 되었다"고 한다(『하늘에서 온 책의 비밀 계시록의 진상 2』 p.40).

4. 구원론

(1) 이씨는 예수를 믿음으로서 구원을 얻는 것이 아니라 사도 요한적인 사명자를 만나야 한다고 하며(『하늘에서 온 책의 비밀 계시록의 진상 2』, p.52), 사도 요한적인 사명자(보혜사)의 말씀을 듣고 지켜야만 영생에 이르며(『하늘에서 온 책의 비밀 계시록의 진상 2』, p.537), 요한을 말미암지 않고는 예수님에게 올 자가 없다(『하늘에서 온 책의 비밀 계시록의 진상 2』, pp.179~180)고 한다. (2) 이씨는 "성령이신 예수께서 직접 보여 주고 들려주신 것을 전하는 진리의 한 사자가 출현하여 영생의 말씀을 전파하고 있다"(『영원한 복음 새 노래 계시록 완전 해설』, p.46)면서, 자신의 책을 "성령이 나를 통해서 교회들에게 하시는 말씀"이며 "일곱 인으로 봉한 하나님의 책 계시록의 비밀이 이제 개봉되어 만천하에 공개되는 계시"(『영원한 복음 새 노래 계시록 완전 해설』, p.7)라고 함으로 자신을 아담, 노아, 아브라함, 모세, 예수와 동등한 대언자 또는 사도 요한적인 보혜사로 암시하고 있다(『영원한 복음 새 노래 계시록 완전 해설』, p.46).

5. 신론

(1) 이씨가 말하는 삼위일체는 정통교회의 삼위일체와 전혀 다른 것이다. 이씨는 구약의 아브라함과 이삭과 야곱을 삼위일체에 비유하여 "성령이신 성부(아브라함)는 성자 예수(이삭)를 낳았고 성령이신 예수(이삭)는 성자 보혜사(야곱)를 낳으셨으니 이것이 삼위이다"(『하늘에서 온 책의 비밀 계시록의 진상 2』, p.37)라고 하는데, 이는 성령이 예수와 하나 되신 후에 다시 그 성령과 하나된 예수의 영이 지상의 사명자 육체에 임함으로 삼위일체가 이루어지는 것이 된다는 말이다(『천국비밀 계시록의 진상』, p.306).

(2) 이씨의 신관은 결국 범신론이다.
이씨는 계시록의 사건을 성령과 악령의 싸움으로 해석하면서, '성령'을 삼위일체 하나님의 한 위가 아닌 악령의 반대 개념으로 가르치고 있다. 더구나 목 베인 순교자들의 영혼도 성령이라고 하고(『영원한 복음 새 노래 계시록 완전 해설』 pp.210~211) '보혜사'를 성령(하나님)이 아닌 '대언자로서의 인간'이라고 함으로 그의 신관은 범신론이라 할 수밖에 없다.

6. 종말론
이씨는 요한계시록의 예언 성취(종말)의 장소를 장막성전이 시작되었던 한국의 과천 소재 청계산이라고 하면서(『하늘에서 온 책의 비밀 계시록의 진상 2』 pp.49~50, p.469, 『영원한 복음 새 노래 계시록 완전 해설』 p.227) '신천지예수교증거장막성전'에서 종말의 사건이 완성된다고 암시하고 있다(『하늘에서 온 책의 비밀 계시록의 진상 2』 pp.300~301, p.306).

7. 연구결론
이만희는 장막성전(당시 교주 유재열) 계열로서, 그가 가르치고 있는 계시론, 신론, 기독론, 구원론, 종말론 등 대부분의 교리는 도저히 기독교적이라고 볼 수 없는 이단이다. 따라서 이런 이씨의 교리나 주장을 가르치고 따르고 있는 신천지 교회(신천지예수교증거장막성전)나 무료성경신학원(기독교신학원)에 우리 총회 산하 교인들이 가는 것을 금해야 한다.

신천지에는 실상교리라는 것이 존재한다. 성경의 예언이 이만희와 신천지를 통해 성취되어 나타났다는 주장이다. 신천지 신도들의 자부심과 우월의식은 이 실상교리에서 나온다. 하지만 신천지 실상교리는 시간이 지남에 따라 계속해서 변개되고 있다. 아래는 실상교리의 변개를 간략하게 정리한 것이다.

과거 일곱 머리 열 뿔 짐승이 장막성전에 들어와 42개월간 멸망시켰다.
현재 일곱 머리가 장막성전에 들어온 적이 없다.

과거 유재열이 미국의 웨스트민스터신학교에 입학한 것은 요한계시록 12장의 해를 입은 여자가 광야로 도망가는 예언의 실상이다. (실제로 유재열은 웨스트민스터신학교에서 공부한 적이 없다.)
현재 유재열이 웨스트민스터신학교에 갔는지 안 갔는지 모른다. 따라가 보지 않았다.

과거 14만 4000명이 이루어지면 육체영생 한다.
현재 각 지파마다 인 맞은 1만 2000명의 신도로 채워진 14만 4000명이 구성되어야 구원받는다.

과거 밀 한 되 보리 석 되를 지칭하는 사람은 영생한다.
현재 보리 석 되 중 한 사람인 윤○○ 교육장이 사망했다.

과거 요한계시록 2장 13절에 등장하는 안디바에 대한 실상이 꼭 있어야 하는 것은 아니다.
현재 예언이 실상으로 이루어질 때도 안디바 같이 영적 죽임을 당한 자가 있었다.

5 신천지 활동

1) 봉사활동

신천지는 '만남'(명예회장 이만희)이라는 위장봉사단체를 만들어 "나라와 국민을 사랑하는 순수 민간봉사단체"로 홍보하고 있다. 전국에 있는 만남지부와 신천지 지역교회들은 청소, 하천 살리기 캠페인, 독거 노인 돕기, 이미용봉사 등 다양한 봉사활동을 진행하며 각종 표창을 받고 있다. 신천지는 그간 쌓여온 부정적 이미지를 쇄신하고 내부 결속력을 강화하기 위해 봉사활동에 열을 올리고 있다. 다음은 전국 만남지부 현황이다.

서울 (사)하늘문화 만남, 하사모, 행복나눔, 작은사랑봉사회, 사랑나눔봉사단, 아사모(아름다운사람들의모임), 늘푸른나무자원봉사단

경기 (사)솔벗, 꽃마을자원봉사, 참사랑봉사회, 녹색자원봉사회, 맹모삼천지교, 푸른잎사귀, 용인사랑봉사대, (사)산울림, 파주사랑나누미, 복사골자원봉사회, 김포수호천사, 한마음자원봉사단

인천 (사)너나들이

부산 (사)좋은사람실천운동본부, 참사랑봉사회, 사랑나눔봉사단, 밝은세상만들기

경남 (사)참빛사랑봉사회, 나눔봉사단, 수눌음자원봉사단, (사)좋은세상만드는사람들

경북 (사)늘푸른봉사단, (사)나누리자원봉사단, 행복지키미

강원 (사)클린강원, 나눔터봉사회, 희망연대나눔, 행운터, 새늘자원봉사회, 클린동해

대전충청 (사)얼지키미, (사)아름다운사람들의모임, 디딤돌가족사랑봉사대, (사)푸른잎사귀, 아름다운사회만들기, (사)공주사랑나눔, 사랑나눔

전북 (사)크린온고을, 함께하는사람들의모임, (사)청소년사랑실천봉사회, (사)백토문화예술원, 징검다리

광주전남 (사)참사랑자원봉사단, (사)서로사랑나눔봉사회, 빠른거북이, (사)참살이자원봉사단

신천지 자원봉사단이라는 단체로도 활동한다. 신천지 자원봉사단은 신천지가 자체적으로 만든 산하기구로서 신천지 신도들로 이루어진 단체다. 이들은 1988년부터 1989년까지 88올림픽 시즌을 이용해 대한민국 홍보활동을 시작으로 본격적인 활동을 전개해왔다. 신천지 자원봉사단은 불우이웃을 위한 봉사활동, 환경정화 활동, 장애인, 독거노인을 돕기 위한 봉사활동을 하고 있다. 최근에는 인천의 한 병원과 MOU를 맺어 외국인 근로자 및 다문화 가정과 지역 소외계층에게 의료봉사를 실시해 이미지 개선에 힘쓰고 있다.

2) 정치권 접근

"우리는 정상적인 단체다"라는 주장을 뒷받침하기 위해 교리적 인정보다 사회적 공신력을 중시하는 신천지는 다양한 방법으로 정치권에 접근하고 있다. 신천지는 2007년 대선을 앞두고 신도 1만 670명을 한나라당 당원으로 가입하도록 지시했다. 2003년 4월에는 '전국 청년회 한나라당 서○○ 대표 지원' 및 '신천지의 한나라당에 대한 향후 전략'이라는 대외비 문건을 작성하고 "전국 청년회 정신교육"의 이름으로 모임을 가졌다. 이 모임에서 신천지는 신도 2500여 명을 동원해 50만 명에게 전화 선거운동을 하고 '○○사랑' 카페를 홍보하고 가입할 것을 권했다. 2006년 1월 한나라당 서울시장 후보 인터넷 여론조사에서 맹○○ 의원에게 투표할 것을 지시하고 맹 의원 출판기념회에 3개지파 600여 명의 신도들을 동원했다. 맹 의원은 모임에서 "이만희 목사님께 특별히 감사드린다"고 발언했다.

만남의 전신인 '하늘사다리 문화센터'를 설립한 차○○은 신천지 전국 청년회장 출신으로 신천지의 조직력을 한나라당 정치권에 공급하는 역할을 해왔다. 2002년 대선에서 '이회창 대통령 후보 중앙선대위' 청년위원회 직능단장 및 2030 위원회 대학생위원회 부위원장직을 수행했고, 제17대 대통령 인수위원회 기획조정분과

신천지 대외활동 협조 안내문

정책연구위원으로 활동했다. 또한 대통령 직속 헌법기관인 민주평화통일자문회의, 한나라당, 열린사회자원봉사연합회 등에서 활동했고 과천을 지역구로 한 안○○ 의원의 보좌관을 거쳐 한나라당 부대변인까지에 이르며 영향력을 행사했다. 2014년 6월 지방선거에서는 IWPG(세계여성평화그룹) 하부조직 She Can이 6·4 지방선거에 출마한 한 후보캠프에 선거를 도와주겠다며 접근하기도 했다.

그러나 정치권은 대외적으로 신천지와의 관계를 부정했다. 19대 대선 후보 예정자 반기문 전 UN 사무총장과 신천지 IWPG 대표였던 김남희씨가 유엔본부에서 개최된 한 모임에서 찍은 사진으로 "반기문 신천지 연루설" 의혹이 돌았다. 이 사실에 반기문 전 총장은 "해명할 가치도 없는 일"이며 "느닷없이 새의 배설물을 맞은 기분"이라며 신천지와의 관

신천지 반대 집회에 침석한 과천 시민들

계를 강경하게 부인했다.

 2017년 19대 대선 기간엔 네거티브 전략 중 하나로 '신천지'가 등장했다. 국민의당의 경우 부산시당 B 위원장이 신천지의 도움으로 시당위원장에 당선된 것이 아니냐는 의혹을 받았고, 국민의당 소속 시의원 Y씨도 신천지 신도 수백여 명을 당원으로 가입시킨 의혹을 받은 바 있다. 국민의 관심과 해명이 촉구되자 국민의당 박지원 전 대표가 나섰다. 박 전 대표는 4월 11일 YTN 라디오 〈신율의 출발 새아침〉 인터뷰에서, "우리는 그런 사교(신천지)에 대해선, 개인을 파괴하고 가정을 파괴하고 사회를 파괴하기 때문에 절대 반대합니다"라며 "특히 저는 저희 친척 중에 딸 한 사람을 신천지에 잃어서 지금도 찾고 있습니다"라고 선을 그었다.

20대 대선에서는 선거를 위한 조직을 만든 정황도 드러났다. 탈퇴자들에 의하면 이만희가 외교정책부를 만들도록 지시했는데, 바로 20대 대선을 위한 것이었다. 이후 신천지 신도들이 국민의힘 당원으로 가입하는 일이 이어졌다고 한다.

3) 언론활동

2008년 「기독교초교파신문」이 신천지 위장언론으로 밝혀져 논란이 되었다. 현재 신천지의 대표적인 언론은 「천지일보」(대표 이상면)다. 신천지는 「천지일보」를 통해 자신들의 봉사활동 등을 적극 홍보한다. 때로는 신천지 관련 반사회적인 문제가 일어날 경우 신천지를 보호하기 위해 사실을 왜곡하여 보도하기도 한다. 「천지일보」는 종교적 색채를 배제하고 문화적 내용을 담고 있는 「글마루」를 발행하고 있다. 2012년에는 SCJTV 인터넷방송국을 개국하여 '말씀대성회', '신천지 뉴스' 등을 방송하고 있다.

또한 유튜브 채널 〈신천지예수교증거장막성전〉, 〈HMBC〉, 〈하늘팟skypod〉을 비롯해 각 지파별 채널 〈신천지인천티비〉, 〈안드레갓TV〉 등을 운영하면서 신천지의 교리를 교묘하게 소개하고 있다.

4) 끊임없는 교회 건축 시도

신천지는 최근 몇 년간 과천, 원주, 익산, 인천, 부산, 일산 등지에 끊임없이 교회 건축을 시도해 왔다. 교회신축의 경우 지역 사회와 갈등만 야기했을 뿐 건축에는 실패했다. 신천지 교회 건축 문제는 지역사회와 극심한 갈등을 빚으며 법적, 물리적 충돌을 일으켰다. 2012년 이후 2년간 인천 청천동에서는 그 갈등이 최고조에 달했다. 신천지는 불법으로 부평구청 주차장을 점거하는가 하면 경찰과 충돌해 부상자가 발생하기도 했다. 근거 없는 구청관계자 비방으로 법적 처벌을 받기도 했다.

2014년 2월, 대법원은 신천지 건축이 허가되면 안되는 중요한 이유를 판시했다. 신천지는 전북 익산시 어양동에 교회를 건축하기 위해 익산시에 건축허가를 신청했다. 익산시는 건축허가를 받아들이지 않았고 신천지는 소송을 제기했다. 법원은 1심에서 익산시의 손을 들어줬지만 항소를 한 신천지가 고등법원에서 승소했다. 하지만 대법원은 2심의 판결을 파기하고 고등법원으로 환송했다. 대법원은 "건축을 허가할 경우 극심한 지역사회와 갈등이 현실화되어 갈등으로 말미암은 사회·경제적 손실은 막대할 것이라고 봄이 상당하다. 그러한 갈등이 초래될 막연한 가능성만 있다고 단정할 것이 아니다"라며 "극심한 지역사회의 갈등이 현실화되면 그것 자체가 B중학교 학생들의 학습권 등 교육환경에 침해를 가져올 것이라는 점이 충분히 예견된다. 신천지 건물 신축을 불허가할 공익상의 필요가 있다"고 밝혔다. 대법원이 사이비 종교 집단의 폐해를 정확하게 꼬집음에 따라 앞으로의 신천지 교회 건축에 제동이 걸렸다. 한편 신천지는 2018년 2월 가평군 청평리 247-2에 있는 3500평의 대지와 임야 3000평을 100억 원 상당에 매입해 신천지 박물관 건축을 시도했으나 지역 주민들의 반대로 신축 허가 신청이 보류되었다.

2025년 현재, 고양시 풍동 구)LG물류센터 건물, 인천 인스파월드 건물이 용도변경 관련 건으로 지자체와 법적인 다툼을 이어가고 있다. 고양시의 경우 1심에서 재판부가 '고양시의 직권 취소'가 합당했다고 판단, 항소심이 진행되고 있다.

2024년 말에는 기존에 9~10층을 매입해 사용하던 과천시 별양동 스노마드빌딩(이마트 과천점) 전 층을 매입하면서 과천을 성지화하려는 것 아니냐는 우려가 커지고 있다.

5) 비인격적 세뇌교육

신천지는 이만희를 신격화하고 김남희(현재는 배도자로 퇴출)를 후계자로 세우기 위해 몇 년간 빛의군사훈련(빛군)을 진행했다. 훈련은 서울 압구정 신학원, 한강 둔치, 청계산 일대에서 무박 3일(48시간)동안 진행됐다. 지하철에서 신천지와 이만희 홍보하기를 시작으로 야간체력훈련, 정신교육을 받았다. 신도들은 3일 동안 잠은커녕 제대로된 밥도 먹지 못하고 씻지도 못한 채 훈련을 받았다. 빛군은 대외적으로 종료된 것으로 알려져 있다. 하지만 신천지는 다양한 이름으로 빛군과 유사한 세뇌교육을 진행해 온 것으로 드러났다. 특히 '어린소교육'이라고 불린 훈련은 주말에만 집에 가고 월요일부터 금요일까지 합숙을 하며 정신교육을 받는 일정이다. 매일 아침 7시부터 새벽 1~2시까지 정신교육과 포교활동을 진행한다. 거의 매일 새벽 5~6시에 일어나 성경구절과 일반적인 명언을 암송해 시험을 친다. 신천지는 이같은 세뇌교육을 통해 신도들을 규합한다.

6) 해외진출 시도

신천지는 위장단체를 만들어 자신들이 신천지라는 사실을 숨기고 '평화'라는 키워드로 해외진출을 시도하고 있다. HWPL(Heavenly culture, World peace, Restoration of Light), IWPG(International Women's Peace Group), She Can(IWPG의 하부 조직) IPYG(International Peace Youth Group) 등이 대표적이다. 각국의 영향력 있는 인물들을 만나기 위해 수단과 방법을 가리지 않는다. 신천지는 신도들의 자부심 고취를 위해 「천지일보」 등을 이용해 위단체의 활동을 적극 홍보하고 있다.

6 신천지 포교방법

신천지는 다양한 포교방법을 사용한다. 기성교회에 '추수꾼'(편집자 주: 정통교회에 위장 잠입한 신천지 신도)으로 잠입한 포교, 기성교회 전체를 포섭하는 '산 옮기기'(편집자 주: 정통교단에 속한 교회를 신천지로 옮기는 것), 우연을 가장한 만남으로 성경공부 유도, 아르바이트 모집 후 성경공부 유도, 공신력 있는 기관을 사칭한 설문조사, 각종 위장세미나 개최 등 포교방법이 날로 진화하고 있다. 신천지는 사람을 신앙에 따라 24가지 유형으로 나눠 유형별로 접근하는 세밀하고 계획적인 포교방법도 사용하고 있다.

1) 설문조사

여러 종류의 설문지로 접근, 포 교대상이 자연스럽게 인적사항을 기재하도록 유도하고 있다. KBS, 한국심리학회 등 공신력 있는 기관을 사칭하기도 한다. 또한 존재하지 않는 유령 단체 이름을 사용하기도 한다. 이들의 목적은 포교대상과 지속적인 접촉을 위한 연락처 확보다.

2) 각종 위장

신천지는 위장과 거짓말에 능하다. 한국 주요교단 마크를 도용해 위장교회 간판을 달아 처음 오는 사람들을 안심시킨다. 이력을 속인 위장 집회를 개최하기도 하는데 2007년 4월, 경기도 일산의 한 웨딩홀에서 신천지 교육장 윤○○이 신천지 교리를 강의했다. 윤○○은 미국 풀러 신학대학원에서 목회학 박사, 철학 박사 학위를 받았다고 홍보했으나 확인결과 허위사실이었다. 종교색을 배제한 각종 문화 세미나, 창업 세미나 등을 개최해 포교하기도 한다. 대학가에서는 이름으로는 전혀 구별할 수 없도록 위장 동아리를 만들어 학생들을 포교한다.

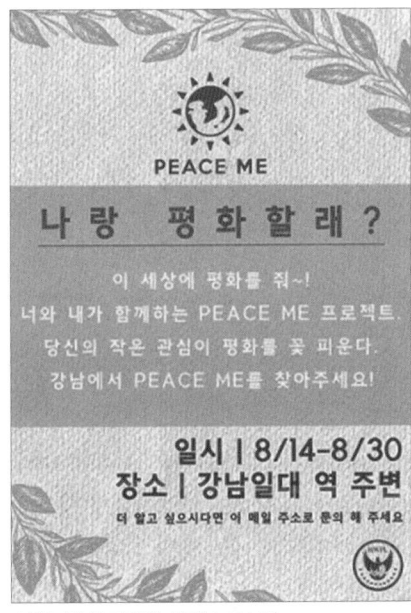

신천지에서 기획한 세미나 포스터

교단 로고를 도용하다 신천지란 사실이 밝혀지자 교회 간판을 변경한 주사랑교회 (변경전-좌, 변경후-우)

3) 아르바이트 모집

아르바이트 사이트를 통해 청각장애인을 위한 설교 타이핑 아르바이트, 단편영화 연기자 등을 모집해 성경공부로 유도한다.

4) 심리상담으로 포교

신천지의 '심리'와 '상담'이라는 독특한 접근방법에 성도들이 점점 빠져들고 있다. 에니어그램, 지문상담, 미술상담, 도형상담 등 심리나 성격을 알아보는 포교방법이다. 이러한 방법은 사람들의 관계가 서먹하지 않도록 하는 좋은 도구다. 심리테스트를 통해 포교대상자의 상태를 파악할 수 있고, 검사 비용이 비싼데 특별히 무료로 해주겠다고 하면 관심 갖고 기분 좋게 검사에 응하게 된다. 상담을 통해 포교대상자의 성격과 상태가 노출되어 이단에 미혹되기 쉽다. 이들은 대상자의 내면적 문제를 부각시켜 해결방법으로 성경공부를 권하고 있다. 신천지 신도 중에는 에니어그램 등 상담사 자격증을 보유한 신도들도 많아 꾸준히 심리 관련 상담을 미끼로 포교한다.

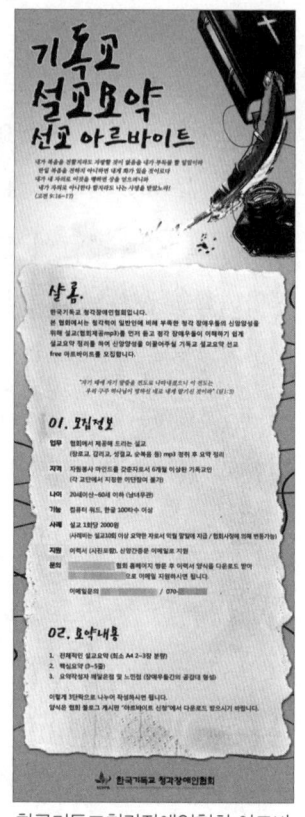

한국기독교청각장애인협회 아르바이트 공고

5) TM으로 포교

신천지는 TM(TeleMarketing)이라는 방법으로 성공적인 포교활동을 하고 있다. 이미 정보를 파악한 대상자에게 전화를 걸어 관심사에 맞는 TM으로 접근하는 것이다. 대상자는 신천지 청년의 친구나 선후배다. 신도의 지인이기 때문에 그들의 최근 관심 분야에 대해 잘 알고 있다. 연애, 이성, 취업 등 관심사를 아는 사람에게 전화를 걸어 질문하는 것이다. 만나서 신천지센터로 유도하는 것이 목적이기 때문에 달콤한 말로 직접 만날 가능성을 높인다. 신천지 청년 중에 목소리가 예쁜 여자 청년이나 중후하고 신뢰감이 드는 남자 청년이 전화를 걸어 성공률을 높인다.

카카오톡을 이용한 포교방법도 있다. 신천지 청년 지인 중 이성에 관심이 많고 외로운 청년들이 대상자다. 여성이 남성에게 접근하는 것이 보통이다. 신천지 여자 청년 중 남자들이 좋아할만한 외모를 가진 여자 청년이 가장 잘 나온 프로필 사진을 올려놓는다. 처음에는 카카오톡을 잘못 보낸 것처럼 말을 걸고, 애교 있고 귀여운 말투와 이모티콘을 사용해 대화를 나누다가 직접 만남을 이어간다. 한 신천지 탈퇴자는 TM을 통해 70~80%는 직접 만나는 것까지 성사되었다고 고백한다.

카카오톡을 이용해 포교하는 신천지

6) 산 옮기기

신천지 동영상 '신임사명자교육-추수밭운영'에는 정통교단에 속한 교회를 신천지로 옮긴다는 뜻의 '산 옮기기' 전도방법을 소개하고 있다. 다음은 신천지 동영상에서 소개하고 있는 '산 옮기기'의 방법이다.

① '산 옮기기'는 성도 50명 이하의 작은 교회가 표적이 된다(편집자 주: 최근에는 수백 명의 교회도 산 옮기기를 진행). 목회자가 개척해서 담임목사로 있는 곳은 제외하고 이미 세워진 교회에 목사가 청빙된 교회를 선정한다.

② 잠입 방법

선정된 교회에 신천지 신도가 전도사로 위장해 들어간다. 들어가는 방법으로 교회에 먼저 잠입해 있는 신천지 신도가 담임목사에게 '사례비도 받지 않고 무료로 봉사할 분'이라고 소개하며 자연스럽게 들어가거나, 교회의 정보를 파악한 후 직접 교회로 찾아가 전도사 사역을 자처하며 들어가는 방법이 있다. 이때 전도사로 들어갈 수 있는 사람은 정통교단의 신학을 공부한 사람이어야 한다. 의심을 받지 않기 위함이다. 전도사로 들어가는 이유는 "꼬리(편집자 주: 일반성도)로 들어가지 않고 머리(편집자 주: 전도사, 목사 등의 교역자)로 들어가야 성도 파악이 쉬우며, 상담 및 또는 심방으로 성도들에게 접근하기 좋고 마음을 잡을 수 있기 때문"이라고 한다. 또 교육전도사가 아닌 심방전도사로 들어갈 것을 강조한다. "심방전도사는 가정마다 심방을 다니면서 성도를 파악할 수 있고, 신학교 졸업장이 없어도 전도사로 일할 수 있기 때문"이라는 설명이다.

③ 포섭 방법

심방전도사로 들어간 후에는 신천지 신도들로 교회를 채워간다. 기존의(정상 교단 소속) 전도사들을 쫓아내고 신천지 신도들이 추천한 신천지 측 전도사를 세워 교회의 요직을 섭렵해 간다. 마지막으로 미리 친분 관계를 두텁게 해 놓은 장로를 설득해 담임목사를 쫓아낸다. 비어있는 담임목사 자리에는 정통교단의 신학을 공부했거나 목사 안수를 받은 신천지 측 교역자가 들어온다. 이때부터 교회의 껍데기는 정통교회이지만 알맹이는 신천지 교회가 된다.

신천지에서 공주지역 교회들을 산 옮기기 하기 위해 작성된 '공주지역 추수밭 전도 사이드북'은 신천지가 어떻게 교회에 침투하는지 잘 나타나 있다. 40페이지 분량의 가이드북은 공주지역 교회들의 정보를 담고 있다. 특정교회에 대해서는 새벽기도회 참석 인원, 예배 분위기, 교인들이 교회로 오는 동선, 심지어 추수꾼이 앉으면 좋은 자리까지 지정해 두었다.

7) 장소를 가리지 않는 미혹의 손길들

신천지의 포교방법에는 기성교회 교인 포교/ 기도원, 교회, 집회 전도방법/ 병원 전도방법/ 신학교 전도방법/ 대학생 전도방법/ 열차, 버스, 전철, 비행기 전도방법/ 노방 전도방법/ 좌판 전도방법/ 일가, 친척, 친구 전도방법/ 직장 전도방법/ 다락방 전도방법이 있다. 이처럼 신천지는 장소를 불문하고 사람들을 미혹하기 위해 상세한 포교지침서를 마련해 구성원을 교육하고 있다. 다음은 신천지 포교지침서에 설명돼 있는 전도방법이다.

교회 전도방법

교회전도팀은 전도할 교회를 선정하고 그 교회에 대해 알아본다. 2인 1조로 그 교회에 가서 1~2주 정도는 전도할 사람을 택하고 호의와 친절을 베푼다. 2인 1조는 서로 아는 사이라는 것을 교인들이 절대로 모르도록 한다. 한 사람이 말을 하면 나머지 한 사람이 들어주는 입장에서 유도한다. 사귄 사람의 주소와 전화번호를 서로 교환하고 항시 안부를 전한다. 자신을 상대에게 소개할 때는 직장 또는 가정 형편상 당분간 수요일 또는 주일 저녁만 교회에 출석할 수 있다고 말한다. 며칠 후 "이 교회 목사님은 ○○말씀을 어떻게 해석하십니까"라고 묻는다. 그 후 자신이 다락방(편집자 주: 신천지 교리를 배우는 장소)에서 공부한 내용이라며 '비유풀이'로 새, 나무, 어부, 배, 그물 등과 같이 쉬운 말씀 중 한두 가지만 소개하고 같이 가서 공부하자고 청한다. 같은 팀의 한 사람은 "어디에서 이런 말씀을 가르쳐주냐"며 함께 가볼 것을 유도한다.

일가, 친척, 친구 전도방법

전도인은 자신이 현 기독교가 부패한 것에 대해 고민하며 참 신앙과 말씀을 찾으려고 노력하던 중 신천지신학원에 대해 알게 되었음을 다음과 같이 말한다. "제가 평소 의문을 가졌던 성구에 대해 물어보았지만 아는 사람이 하나도 없었습니다. 신학박사학위를 가지고 계신 목사님께 지금이라도 가서 이 말씀을 아는가 물어보세요. 심지어 저는 신앙을 포기할 생각까지 했습니다. 그러나 하나님께서는 제 기도를 들으시고 다락방을 하나 알게 하셨어요. 그곳에서 말씀을 듣는 순간 눈과 귀가 열렸고 마치 잠에서 깨는 기분이 들었답니다." 신천지 교리교육 장소를 소개하면서 하나님 말씀을 듣고 깨달아야 참 믿음과 소망 안에 거할 수 있다고 설명한다. 금방 반응을 보이지 않더라도 언젠가는 들어보기를 원할 것이다.

직장 전도방법
직장 안에서 전도하기 좋은 기독교인을 선정하여 이메일 주소, 전화번호 등을 알아두고 가깝게 지낸다. 일정 시간이 지나면 말씀 몇 가지를 가르쳐 달라고 부탁하고 모르면 목사님께 물어봐 달라고 부탁한다. 그 후 말씀을 잘 해석해 주는 곳을 찾았으니 한번 같이 가보자고 한다. 여건에 따라 소그룹 신천지 교리교육을 받거나 신학원 개강 때 초청장을 준다.

8) 신천지 포교 사례

다음은 「현대종교」 상담실에 제보된 수많은 신천지 포교 사례의 일부이다. 이외에도 다양한 방법으로 포교하려고 시도했던 많은 사례들이 있지만 선별해 게재한다.

사례 1. 미션스쿨 입학 후 포교
H대학은 미션스쿨이다. 특성상 한 교수가 30명의 학생들을 담당하여 팀을 이룬다. 그 팀 안에 있는 신천지 학생이 다른 학생들을 포교

했다. 각 팀은 기숙사도 같이 사용하므로 쉽게 친해질 수 있는 계기가 된다. 같은 팀의 학생들 5~6명 정도를 포교해 그 지역의 신천지 교회와 연결해서 교육했다. 그 사실이 드러나자 학교 측 목사는 포교하던 신천지 학생과 상담을 했고, 포교당한 학생들은 주변의 도움으로 돌아올 수 있었다. 포교했던 학생은 졸업했으나 다시 근처 S대학교에 들어가 교수들을 포교했다. 해당 학교 교목이 그 사실을 알게 돼, 결국 신천지 학생은 학교를 자퇴했다. 신천지 학생의 부모님은 J교회 집사님이었는데, 자식이 신천지라는 사실을 모르고 있었다. 신천지 학생은 그 후 다시 B대학교에 들어갔다고 한다. 이 학생은 H대학교 입학 전에도 신학대학교를 다녔다. 포교를 위해 여러 학교를 옮겨 다닐 정도로 열심인 것이다. 이 지역 신천지교회에서는 H대학교(미션스쿨) 학생이라고 속여 포교하는 사례가 많다(H대학교라고 하면 사람들에게 신뢰를 주기 때문이다). 수능 100일 전에는 모 고등학교 교문 앞에서 음료수를 나눠주면서 기도제목, 전화번호를 받아냈고 학생들에게 말씀문자를 매일 보내며 친분을 쌓았다. 수능시험이 끝나자마자 고등학생들을 모아서 신천지 성경공부를 시작했다.

사례 2. 선교사 사모 사칭해 포교
A사모는 노방 전도를 하다 만난 B씨를 통해 아르헨티나 선교사 사모를 소개 받고 성경공부모임에 참석했다. 그러나 아르헨티나에서 왔다는 사모의 말은 거짓이었고 성경공부 장소는 신천지신학원으로 확인됐다.

사례 3. 연기자 캐스팅으로 미혹

연극영화과를 졸업한 A씨는 단편 오디션을 통해 주연으로 캐스팅 되었다. 감독은 결말이 나오지 않았다는 등의 핑계를 대며 촬영을 미뤄오다 전도사 역할이니, 성경공부를 먼저 해야 한다며 성경공부를 유도했다. A씨는 한 교회에서 '이단이 접근해 오는 방법'이라는 이미지를 보고 자신의 상황과 일치함을 발견했다. A씨는 ▲과잉친절을 베풀며 접근한다 ▲여러 종류의 설문조사를 한다 ▲우연한 만남을 연출한다 ▲목사님께 비밀로 하라고 한다 ▲비유풀이 성경공부를 시킨다는 등의 내용이 담긴 이미지를 감독에게 보내 주었다. 감독은 A씨에게 '나를 이단으로 의심하는 거냐'는 문자를 보낸 후 연락이 끊겼다.

사례 4. 성경공부와 "기도응답"으로 유인

다른 교회에서 오셨다는 집사님 한 분을 알게 되었다. 교회 내에 성경공부 과정이 잘 되어 있어서 성경공부를 구체적으로 하기 원했는데, 그 집사님이 목사님을 통해서 따로 교육받는 것이 있다며 소개했다. 그런데 본교회가 아닌 다른 교회 목사님이었다. 여 목사였는데 성경공부 내용이 이상해서 보류하겠다고 했다. 얼마 후 J교회 부목사라는 사람에게 전화가 왔다. 나를 어떻게 알고 전화를 했냐고 물었더니 "기도원에서 어떤 여자 집사님이 이름과 전화번호를 말씀하시면서 저를 위해 기도해달라고 했다"며 "기도하다가 응답을 받아서 전화하는 것이다"라고 했다. 궁금해서 "무슨 응답을 받았냐"고 물었더니 "성경공부를 안 해서 하나님이 당신에게 등을 돌리시고 있다"며 "말씀공부를 해야 한다. 시간만 되면 나라도 성경공부를 가르쳐

주겠다"고 했다. 이후에도 문자가 계속 왔고, 연락이 와도 바쁘다고 하고 전화를 받지 않았다. 성경공부를 보류하자 다른 경로를 통해 성경공부로 유도하려 한 것이다. 성경공부를 가르치던 여 목사와 J교회 부목사는 서로 알고 있는 사이고 모두 신천지였다.

사례 5. 교회 초신자로 잠입 후 포교

출석하는 교회에 초신자라고 소개한 형이 왔다. 그 형은 유독 한 친구와 자주 연락을 주고 받았다. 형과 시내에서 만나면 만날 때 마다 설문조사도 하고, 선교사님을 만나기도 했다. 그러던 중 형은 "어떤 선교사님으로부터 말씀을 들었는데 정말 좋다"며 성경공부를 권유했고, 몇 번 가게 되었다. 생각해보니 그 형은 교회에서 말씀을 들을 때는 대충 듣고 자고 했는데, 거기서 말씀을 들을 때는 눈빛도 달라지고 그 친구를 챙겨주기까지 했다.

사례 6. 친분관계를 이용한 포교

복학한 후 예전에 다니던 교회를 다니게 되었다. 교회 형과 친해졌고, 그 형과 친분이 있는 누나와도 친해졌다. 시간이 지날수록 그들은 아주 친절히 대해줬다. 교회 동생이니까 잘해준다고 생각하고 가깝게 지냈다. 밥도 사주고, 악기를 배우고 싶다니까 가르쳐 주었다. 어느 날 악기를 배운 뒤 밥을 먹으면서 서로 신앙에 대해서 얘기 하던 중, 신앙에 대해 많이 갈급하다는 등의 얘기를 했다. 형은 선교사를 꿈꾸고 계시는 분을 알고 있다며 소개시켜주겠다고 했다. 의심 없이 만나게 됐으나 몇 차례 만나니 다음 시간에 올 때는 시간표를 달라고 했다. 시간표를 달라고 했을 때 신천지라는 것을 의심하게 됐다. 친구를 통해 그 두 사람이 신천지라는 얘기를 듣고 확신하게 됐다.

사례 7. 신분 속여 설문조사한 후 유인
지하철에서 성경을 보고 있는데, 한 사람이 접근해서 설문조사를 해 달라고 했다. 아무 생각 없이 설문조사에 성실하게 답해줬고, 연락처, 주소 등을 적어줬다. 이후 핸드폰으로 지속적인 연락이 왔다. 처음에는 그냥 받았으나 나중에는 그 번호가 뜨면 받지 않았다. 그러자 다른 번호로도 끈질기게 전화를 했다.

사례 8. 인터넷 카페를 이용한 공시생 포교
'9급 공무원을 꿈꾸는 사람들'(9꿈사)이란 인터넷 카페를 활용해 스터디 모임을 하는 공시생에게 신천지가 접근했다. 이름과 연락처, 종교는 기본이고, 취미, 좋아하는 영화, 거주지, 학원 등을 확인했다. "지인 중에 무료로 독서실을 개방해주는 분이 있어 자리를 하나 구해주겠다", "공무원 시험에 합격한 선배에게 영어를 배우고 있는데, 사정을 이야기하니 무료로 과외를 해주겠다는 약속을 받았다. 함께 공부하러 가자"는 등 달콤한 말로 호의를 베풀었다. 식사를 하면서 자연스럽게 신앙 이야기를 하게 되었고, "공부도 중요하지만, 신앙생활을 소홀히 했기 때문에 하나님께서 길을 열어주시지 않은 것"이라며 성경공부를 추천했고, 교회 전도사님을 소개하고 성경공부를 시작했다. 신천지에서 가르치는 내용임을 알게 되어 이후 관계를 끊었다.

이 외에도 많은 포교사례들이 있다. 사례의 공통점은 신천지 신도들이 거짓말을 능숙하게 한다는 것이다. 선교사, 유명교회 (교육)전도사, 개척교회 목사, 천주교 사제 등 자신들의 신분을 확실하게 위장한다. 성경공부를 하게끔 하는 것이 일차적인 목표이므로 수단과 방법을 가리지 않고 성경공부를 하게한다. 시간이 없다는 사람에게는 하루에 1~2시간씩 전화로 가르쳐준다. 가게 일로 바빠서 성경공부를 못하면 신천지 신도가 대신 가게를 봐주기까지 한다.

7 신천지 피해사례

1) 가정파괴

가정파괴는 신천지 피해의 가장 대표적인 사례다. 학업포기, 가출, 이혼 등의 문제가 계속해서 발생하고 있으며 피해자의 수는 가늠하기 어려울 정도다. 가족 가운데 자신만 신천지 신도인 경우를 짝 믿음이라고 하는데 이만희는 "짝 믿음의 경우 갈라서라"며 이혼을 조장하는 비정상적인 설교를 하기도 했다.

신천지 피해자들의 일인시위

사례 1. 아내를 살해한 남편
2012년 3월 10일, 아내의 끝없는 신천지 교리 강요에 심리적 압박을 받던 남편이 우발적으로 아내의 목을 졸라 살해한 사건이 발생했다. 포교하지 못하면 인정받지 못하는 신천지의 구조적 병폐가 낳은 결과다. 두 딸은 기자회견장에 나와 "엄마를 방치한 우리가 죄인"이라며 울먹였다.

사례 2. 신천지 부모, 농아인 자녀 폭행
2014년 3월, 부모가 농아인 딸을 폭행한 사건이 발생했다. 폭행당한 A씨는 "부모가 신천지를 탈퇴하려 했다는 이유로 생명의 위협을 느낄 정도로 맞았다"고 말했다. A씨는 "부모를 만나고 싶지 않다. 다만 나와 비슷한 장애를 가지고 있는 동생이 방치되어 있다는 사실이 가슴 아프다. 앞으로 바른 신앙생활을 하고 싶다. 일도 하고 취미생활도 하며 열심히 살고 싶다"고 전했다.

사례 3. 신천지에 빠진 후 돌변한 딸
편입시험을 준비한다며 학교를 휴학한 딸. 알고 보니 신천지 활동에 집중하고 있었다. 딸의 엄마는 딸을 원래의 자리로 돌려놓기 위해 딸이 있는 신천지 센터 앞에서 일인시위를 시작했다. 딸은 엄마가 시위에 나서지 못하도록 옷을 가위로 자르고 차의 타이어를 송곳으로 찔렀다. 그렇게 교체한 타이

어만 10개. 딸은 더욱 폭력적으로 변해 엄마의 차를 돌로 파손했다. 딸은 엄마가 시위에 나서면 집에 불을 지르겠다고 협박했다.

사례 4. 방치된 아이들
아내가 신천지에 빠진 A씨는 아내의 가출 후 불면증과 심한 우울증에 시달려 심리상담치료를 받았다. 더 큰 문제는 초등학생인 두 자녀다. 아내는 가출 전 신천지 생활로 인해 아이들을 전혀 돌보지 않았다. 정신과 진료 결과 큰아이는 "우울, 불안, 가족관계의 문제에 대한 증상을 보이고 있어 가족관계의 개선이 필요할 것으로 보인다"는 의사의 소견을 받았다. 9살인 작은아이의 상태는 더 심각했다. 아동상담소 상담결과 "정서적, 지적 성장이 6세에서 멈췄을 가능성이 높아 보인다. 스스로 비참한 상태를 느끼고 있는 상태"라는 답을 들었다. A씨는 지금도 아이들의 회복에 초점을 맞추며 홀로 아이들을 돌보고 있다.

2) 교회분열

교회마다 신천지의 위장침투가 큰 문제가 되고 있다. 이미 잘 알려진 대로 신천지에서 일정기간 이상 교육을 받은 뒤 기성교회에 새신자로 위장해 등록하는 방법이다. 이들은 적극적인 교회생활로 교인들의 신뢰를 얻은 뒤 관계전도를 통해 한 명 한 명씩 기성교회 신도들을 신천지화 한다. 전남지역에서 발견된 신천지 문건에 의하면 전남 대부분의 지역에 신천지가 침투해있으며 모 교회는 100여 명의 신천지 신도가 위장 등록한 것으로 밝혀졌다.

사례 1. 광주벧엘교회

광주벧엘교회(담임 손성현 목사) 신도 조남운 집사가 신천지에 빠져 가출한 딸을 찾기 위해 시위를 시작했다. 조 집사가 시위를 시작한 것은 2006년 10월. 신천지 관계자들은 조 집사의 시위를 방해하기 위해 폭행을 가했으며 몸에 검정색 스프레이를 뿌리고 피켓을 꺾어버리는 등 행패를 부렸다. 조 집사는 교회 신도들 20여 명과 함께 정식허가를 받아 신천지 신학원 앞에서 시위를 시작했다. 그러자 신천지 측은 교회 측보다 많은 40~50명의 사람을 대동해 교회 앞에서 역시위를 벌였다. 신천지 측은 사람들이 많이 다니는 대로변을 이용, "사랑을 실천하지 않는 벧엘교회는 각성하라", "교회는 공개토론에 응하라", "조남운 집사를 잘못 가르친 교회는 각성하라"는 피켓을 들어 마치 벧엘교회가 문제 교회인 것처럼 시위했다. 지역 주민들에게 교회에 대한 허위사실을 유포한 셈이다. 벧엘교회 측은 전 교회적인 대책을 마련했다. '신천지피해대책위원회'를 세우고 대대적인 시위에 들어선 것. 교회 측은 2006년 11월 16일, 21일, 23일에 걸쳐 오전 9시부터 오후 4시까지 시가행진, 신천지 신학원 앞 시위 등 대규모 시위를 벌였다.

사례 2. 군산신흥교회

군산신흥교회(담임 송세준 목사)에 다니는 강○○ 권사의 아들이 신천지에 빠져 집을 나간 사례이다. 강 권사는 군산 신천지 신학원 앞에서 "아들을 돌려보내고 신천지에서 출교 제명하라"며 일인시위를 시작했다. 강 권사의 시위가 계속되자 신천지 측은 신흥교회에 나타나 시위하며 모든 예배를 방해하기 시작했다. 주일예배는 물론 새벽기도회, 수요예배 등에 참석해 예배 도중 지나친 움직임과 소음을 내거나 목사에게 질문을 하는 등 예배의 흐름을 깼다. 처음에는 20여 명이 교회 앞에서 시위하며 예배를 방해하는 수준이었으나 시간이 갈수록 그 괴롭힘의 정도가 심해졌다. 신천지 신도가 걷어찬 문에 깔린 교회의 권사가 병원 치료를 받게 되고, 60여 명의 신천지 신도가 교회를 에워싸고 기도해 교인들이 불안에 떨기도 했다. 신천지 측의 예배방해와 행패가 수개월 동안 계속되자 신흥교회가 소속된 한국기독교장로회 군산노회는 대책위원회를 신설해 대책을 마련했다.

사례 3. 편지로 교회를 혼란스럽게 하는 신천지

신천지 신도들이 기성교회 교인들의 이름을 도용하여 교회 내 불특정 다수에게 편지를 보내는 일들이 일어났다. 경기도 부평의 모 교회에서는 A 성도 이름으로 B 성도에게, C 성도 이름으로 D 성도에게 보내는 형식으로 40여 통의 편지가 무작위로 발송됐다. 편지봉투 안에는 신천지를 홍보하고 옹호하는 편지와 신천지 방송국 홍보명함이 첨부되어 있었다. 하지만 A, C 성도 등 발신자들은 편지를 보낸 바 없고 신천지 신도도 아니었다.

3) 탈퇴자 미행, 폭행

신천지는 신도들의 이탈을 막기 위해 구체적인 인적사항 확보 및 필요할 경우 24시간 미행, 감시하기도 한다. 경우에 따라 보복성 폭행을 가하고 납치까지 시도한다.

사례 1. 등급 매겨 미행

신천지 탈퇴자 A씨는 섭외부에서 신도들의 이탈을 막는 일을 해왔다. 신도들 중 일부를 가, 나, 다급으로 분류하는데 '가'는 지인들에게 신천지가 밝혀진 상황, '나'는 주변에 신천지라는 사실이 알려졌으나 개종 가능성이 없는 자, '다'는 신천지임이 밝혀지지 않았으나 주변에 목사 등의 지인이 있는 자로 나눈다. 그리고 매월 업데이트가 되어 체계적으로 관리한다. 개종교육의 위험이 있다고 판단되면, 그 대상자가 집에 들어갔을 때 밖에서 밤새도록 보초를 선다. 한 달 이상 지켜보기도 한다. 차량이 있는 사람이 차 안에서 지켜보거나, 청년회 차량을 빌려서 근무를 서고 반납하기도 했다.

> **사례 2. 탈퇴자 집단 폭행**
> 신천지 탈퇴자 이정환 군은 자신의 집 앞에서 신천지 신도 세 명으로부터 집단폭행을 당했다. 이군을 폭행한 사람들은 신천지 전도사, 대학부장, 청년회장이었다. 「천지일보」는 신도들을 보호하기 위해 사실을 왜곡해 폭행이 없었건 것처럼 보도했다. 하지만 항소심까지 진행된 재판 결과 법원은 가해자 두 명에게 징역 6월에 집행유예 1년, 사회봉사활동 80시간, 나머지 한 명에게 350만 원의 벌금형을 선고했다.

4) 신천지 대처 사역자 납치, 폭행, 교회방화

신천지에게 이단상담소장들과 대처 사역자들은 눈에 가시다. 상담소 주변에는 늘 신천지 신도들이 있으며 사역자들은 신변의 문제를 감수해야 한다.

> **사례 1. 임웅기 소장 납치**
> 신천지 광주 청년회장 및 신학원 강사 서모씨 외 5명은 임웅기 소장을 봉고차로 납치 한 후 무등산 일대를 돌아다니면서 폭행하고 땅에 묻어 버리겠다는 협박을 한 혐의로 실형을 선고받았다.
>
> **사례 2. 신현욱 소장 집단 구타**
> 신현욱 소장은 신천지 신도를 상담하던 중 괴한들에게 테러를 당했다. 밀폐된 공간에서 10여 명이 신 소장을 감금하고 폭행했다. 방과

앞마당에서 총 40여 분 사투를 벌이다 가까스로 휴대폰을 꺼내 112
에 전화를 해 당시 상황을 모면할 수 있었다.

사례 3. 부산 새학장교회 방화
신천지 신도가 신천지를 이단이라고 주장하는 황의종 소장에게 앙심을 품고 황 소장이 사역하고 있는 새학장교회에 불을 질렀다. 황 소장은 불이 난 것을 발견하고 달아나는 신천지 신도를 쫓아갔다. 신도는 검문 중이던 경찰관이 멈추라는 소리를 무시하고 시속 140km 로 도망가다 따라오는 순찰차를 들이 받는 행위를 3회 정도 했다. 결국 신도는 살인미수, 방화, 절도 등의 혐의로 구속되었다.

5) 캠퍼스 포교

신천지 측이 대학에 침투하는 방법은 이미 잘 알려진 대로 정상적인 동아리로 가장하는 방법이다. 가장 크게 드러났던 것은 '전남대 사건'이다. 지난 2000년부터 2005년까지 6년에 걸쳐 신천지와 전남대 기독교연합회(전기연)의 학내투쟁과 법적싸움이 있었다. 신천지 측은 전남대 동아리연합회(동연회)를 수년에 걸쳐 장악했다. 2000년 3명, 2001년 4명, 2002년 5명, 2003년 6명으로 매년 한 명씩 추가해 결국 동연회 전체를 장악했다. 이들은 동연회의 과반수 이상을 차지했던 2001년, 교내 기독교 동아리들을 제명했다. 전기연은 전단지를 배포해 학내에 신천지의 폐해를 알렸으며 신천지 측은 전기연을 명예훼손으로 고소했다. 수년에 걸친 싸움과 고소 끝에 결국 신천지 측이 패소했으며 동연회에서도 자격을 정지당해 마무리됐다. 공주대학교도 신천지가 동아리연합회를 장악하고 각 일반 동아리에 신천지 학생이 들어가는 계획을 세우거나 기독교 동아리의 활동을 방해하기도 했다. 충남대학교는 기독교 동아리가 산옮기기 당한 바 있으며, 한국외국어대학교는 '성경연구반'이라는 동아리가 JMS로 밝혀져 제명당하는 사건이 있었다. 인천대학교에는 JMS로 의심받는 여러 기독교 동아리방에서 키보드, 기타, 프로젝트, 카메라 등 물품과 현금이 도난당하기도 했다. 한양대학교는 IYF에서 공문

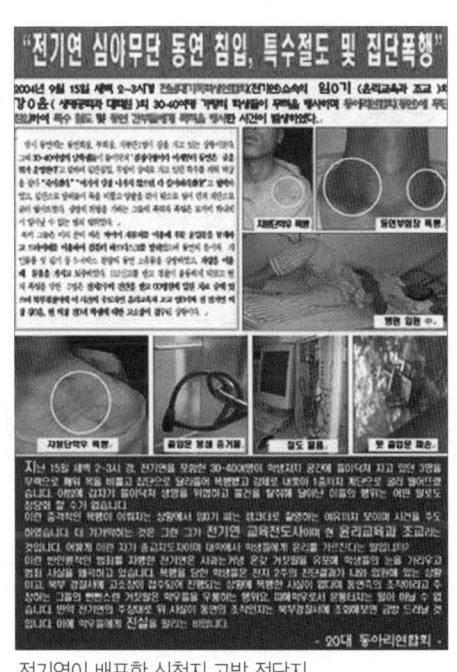

전기연이 배포한 신천지 고발 전단지

없이 장소를 빌린 것을 교목실의 신고로 취소된 것으로 몸싸움이 벌어졌고, 대전지역에 목원대학교, 한남대학교, 충남대학교, 대전대학교 SFC 동아리방에는 인분이 뿌려지고, 붉은색 락카로 조심하라는 경고를 남기고 간 사건도 있었다.

2017년에는 신천지가 UNPO(Unite New University Peace One, 전국대학연합동아리)란 이름의 위장 동아리를 운영해 캠퍼스 포교를 시도했다. 신천지는 UNPO가 신천지 위장동아리란 사실이 폭로될 것을 미연에 방지해 ▲서울대학교 'SNUFI' ▲삼육대학교 '다슬누리' ▲덕성여자대학교 '쌍문동 비둘기' ▲숭실대학교 '그린나래' ▲가천대학교 '가글' ▲서울과학기술대학교 '평' 등 캠퍼스별 위장 명칭을 사용하는 치밀함을 보였다.

2024년에는 신천지 학생들이 충남대학교 총동아리연합회를 장악, 공금 횡령 및 포교 활동을 벌인 사실이 드러나 충격을 전해줬다. 이들은 2020~2024년 회장 등 주요 임원직을 독점해 오면서 유령 동아리를 우수 동아리로 선정해 상금을 지급하는 비위를 저질렀다. 또한 총동연을 통해 학교 소강당을 빌려 신천지 모략 포교 행사를 개최한 적도 있는 것으로 나타났다.

8 신천지 예방과 대처

1) 범시민연대 교회와 각종 사회단체 등이 연합한 범시민연대가 출범한 것은 신천지와의 싸움이 종교간의 갈등이 아닌 사회적인 문제라는 것을 방증한다. 특히 과천시범시민연대와 인천시범시민연대는 신천지 교회 건축을 저지하는 데 결정적인 역할을 해왔다.

2) 한국기독교이단상담소협회 신천지에 대처하는 대표적 전문 상담기관은 한국기독교이단상담소협회(협회장 진용식 목사, www.jesus114.net)다. 안산, 전남, 광주, 인천, 서울, 청주, 의정부, 영남, 구리, 대전 등 전국에서 신천지에 빠졌던 사람들을 대상으로 전문적인 상담과 교육을 진행하고 있다. 상담소를 통해 회심한 사람이 1000명 이상이 된다. 다음은 안산상담소의 상담과정이다.

① 상담 프로그램

기초 상담은 최소한 3~5일 동안 진행된다. 신천지에서 나온 내담자들은 대부분 신천지에서 배운 교리 내용에 대해 궁금해 하기 때문에 먼저 신천지 교리가 성경적으로 맞는지 반증하며 진행한다. 신천지 신학원에서는 신천지 교리를 일주일에 8시간씩 6개월 동안 가르친다. 양이 상당히 방대하다. 그 방대한 양을 며칠 내에 다 확인하는 것은 힘들기 때문에 약 30퍼센트 정도 핵심적 내용만을 확인하며 반증해 나간다. 핵심내용은 ▲이만희가 보혜사이며 과연 이 시대의 구원자이며 이긴자인가 ▲신천지가 주장하는 '비유풀이'가 성경적으로 맞는가 ▲신천지는 '계시록 실상 부분 예언이 성취될 때는 반드시 실상이 있다'고 가르치는데, 이것이 과연 맞는 말인가 정도로 요약할 수 있다. 이렇게 핵심적 내용을 짚어 반증하는 상담에 내담자가 마음을 열고 임했다면, 신천지가 틀렸다는 것을 알고 인정하게 된다. 기초상담을 거친 후에는 구원론을 접목하여 구원확신에 대한 상담을 한다. 신천지 등 이단에 빠지는 사람들은 구원의 확신이 없어 빠지는 경우가 대부분이기 때문이다. 신천지에서 말하는 구원이 틀렸다는 것을 스스로 분별할 수 있도록 돕는 것이 상담 목적이다. 구원확신에 대한 상담 후에는 후속교육이 이루어진다. 후속교육은 ▲구속에 대한 문제 ▲그리스도의 삶(구원받은 하나님의 자녀로서 어떻게 살아야할 것인가) ▲내담자와 함께 예배드리며 내담자의 성경적 궁금증 수시 상담 등으로 진행된다. 기초상담, 구원상담, 후속교육의 과정을 모두 마치면 내담자 중 80~90퍼센트는 회심을 한다. 10~20퍼센트의 개종실패의 경우는 가족의 실수('이제 됐구나'하는 안도의 마음, 방치, 후속교육에 대한 불확신 등)로 인한 경우가 많다.

② 후속교육

최소 두 달간의 기초상담, 구원상담, 후속교육을 진행하는 이유는 다음과 같다.

- 내담자의 궁금증과 혼란을 올바르게 해소

신천지는 성경을 '비유풀이' 한다. 성경 내용을 암호로 보고 이 암호를 푼다는 것이다. 신천지식 '비유풀이'에 습관화된 내담자들은 상담 받는 중에도 성경을 '비유'로 보고 혼란에 빠지게 된다. 이런 문제를 상담소에서 전문적으로 도와야 한다. 올바르게 해결해주지 못할 경우 또다시 신천지로 되돌아가기 때문이다.

- 심리치료의 효과

이단에서 나온 사람들은 절대적으로 믿었던 가르침이 가짜였다는 사실에 대한 상실감이 대단히 크다. 말도 안 되는 말에 속은 자기 자신에 대한 분노, 데려간 사람에 대한 원망, 이단에 빠져 허송세월했던 억울함 등 복합적 마음 때문에 우울증이 생기게 된다. 상담소에서 내담자 본인과 비슷한 아픔을 겪은 사람들과 교제, 상담가들의 도움을 통해 심리적 치료를 받을 수 있다.

한국기독교이단상담소협회는 신천지 복음방에서 성경공부를 하고 있는지 판단할 수 있는 체크리스트를 발표했다. 16문항을 체크해 복음방 교육을 받고 있는지 파악할 수 있다. 1번에서 4번 중에 '예'라고 답할 수 있는 문항이 1개 이상이면 신천지 추수꾼이 접근했을 가능성이 높다고 한다. 성격·행동 유형검사, 미술심리치료, 도형그리기, 애니어그램,

MBTI 검사, 5분 스피치 평가 등에 참여한 적이 있거나 꿈이나 신앙이 야기로 접근, 성경공부, 큐티모임 등의 권유를 받거나 영적으로 탁월한 사람을 소개받은 것으로 추수꾼 접근 여부를 판단할 수 있다. 이러한 방법으로 5~16번 문항에서도 '예'가 2개 이상이면 신천지 복음방 교육 중인 상황, 4개 이상이면 복음방 교육 중반부, 7개 이상이면 복음방 교육 후반부다.

1. 성격·행동유형검사, 미술심리치료, 도형그리기, 우울증·스트레스 테스트, 애니어그램, MBTI 검사, 힐링 스쿨, 각종 설문, 5분 스피치 평가 등에 참여한 적이 있다.
2. 누군가 나에 대한 꿈을 꾸었다며 신앙이야기를 하며 접근한 적이 있다.
3. 주변에서 "신앙상담, 신유, 영적 능력이 탁월한 사람이 있다"는 제안을 받았다.
4. 교회 밖에서 성경공부, 큐티모임, 영성훈련 등의 신앙모임을 해보자는 권유를 받았다.
5. 교회 밖 성경공부를 인도하는 교사가 목사, 전도사, 사모, 신대원생, 간사, 선교사 등이다.
6. 성경공부 교사가 "성경공부하는 것을 다른 사람에게 알리지 말라"고 말했다.
7. 성경공부 교사가 성경 내용을 역사, 교훈, 예언, 성취로 구분했다.
8. 성경공부 교사가 "성경이 '계시록 시대' 등 8개 시대로 구분되며 반드시 예언을 깨달아야 한다"고 강조했다.

9. 성경공부 교사가 "죄 사함이 예수를 믿고 비유를 깨달으며 새언약을 지킬 때 가능하다"고 가르쳤다.
10. 성경공부 교사가 "사단이 성전에 앉아 하나님으로 가장해 신앙인들을 미혹한다"고 말했다.
11. 성경공부 때 "천국 비밀이 감춰져 있으며 비유로 된 계시의 말씀을 깨달아야 한다"고 배웠다.
12. 성경공부 교사가 "시대별 예언과 성취가 있으며, 일반교회에서 봉함된 말씀을 계속 배우다간 구원받을 수 없다"고 충고했다.
13. 성경공부에서 육적 이스라엘, 영적 이스라엘, 영적 새 이스라엘(영적 새 선민)에 대해 배웠다.
14. 성경공부 교사가 "재림의 때 출현하는 약속의 목자, 이긴 자가 있다"고 강조했다.
15. 성경공부를 시작한 뒤 주일 설교가 잘 들리지 않고 목사님이 거짓목자처럼 느껴진다.
16. 성경공부 후 현재 다니는 교회가 바벨론교회라는 느낌이 들어 떠나고 싶은 생각이 든다.

3) 신천지대책전국연합 신천지대책전국연합(대표 신현욱)은 바로알자신천지(http://cafe.naver.com/soscj) 카페를 운영하고 정기모임을 통해 피해자들의 눈높이에서 대처를 해나가고 있다. 신천지의 불법성을 지적하고 폭로하며 각종 기자회견, 집회 등을 진행한다.

4) 기독언론 「현대종교」, 「기독교포털뉴스」, 「교회와신앙」 같은 이단 전문 언론이 신천지의 일거수 일투족을 보도해오고 있다. CBS는 '신천지 OUT!' 캠페인을 통해 한국교계의 신천지 대처에 큰 반향을 일으켰고 「국민일보」는 각종 신천지 예방 자료들을 전국교회에 배포해 개교회에서 신천지에 대해 대처할 수 있도록 도왔다. 아래는 「국민일보」에서 배포한 '이런 그림 가르쳤다면 신천지가 맞습니다!'라는 브로슈어다.

5) 기독교연합회 보령시기독교연합회(보기연)는 신천지 대처에 좋은 모델을 보여주고 있다. 개교회에서 신천지를 대처하는 것이 버겁다고 판단한 보기연은 함께 대처할 교회들을 모집하는 공문을 보냈고, 16개의 교회가 함께 하고 있다. 개교회가 신천지의 고소·고발을 당하면 당황스럽고 소송 비용도 부담스럽다. 보기연은 이러한 점을 보완하기 위해 여러 교회가 모여 함께 대처하는 효과적인 방안을 모색했다. 16곳의 담임 목회자들은 '공증'하는 방법을 택했다. 공증의 내용에는 이단들의 고소·고발시 공동대처한다는 것과 16개 교회가 함께 경비를 부담해 대처한다는 내용이 담겨 있다. 이들은 한 교회에서 신천지의 활동이 드러나면 16개 교회 목회자가 모두 모여 회의를 통해 대처방안을 나누며 신천지 신도의 움직임을 함께 지켜본다. 공증으로 고소·고발에 대한 심적·물질적 부담을 덜 수 있어 각 교회는 이단대처에 힘을 얻고 있다.

9 신천지 피해자 수기

> 이 글은 신천지를 탈퇴한 한 사명자의 일기를 요약하고 정리한 것이다. 그가 겪은 심리적 압박, 고민, 신천지의 오류를 깨달은 뒤의 갈등은 신천지의 실체를 그대로 보여준다.

일기장을 열며

2월의 어느 날 인터넷에서 신천지 비방 자료를 보게 되었다. 왜 인터넷의 내용을 선악과라고 하며 절대 보지 못하게 했는지 크게 절감했다. 이제까지 내가 교육받은 것도 교육을 시킬 때도, "인터넷에는 온갖 인신공격성 내용뿐이라고 우리 쪽에서 무슨 부족한 것이 있어서 보지 말라고 하는 것이 아니다"라고만 들어왔다. 그런데 그렇게 선악과라고 했던 인터넷의 내용들이 모두 신천지의 서적과 자료들을 통한 객관적인 자료들임을 알고 나는 너무나 놀랄 수밖에 없었다. 신천지에 온지 11년 차. 내가 입교하기 전에 신천지에서 발간된 책자들부터 시작해서 이제까지 교리들이 어떻게 변해왔으며, 내가 알지 못했던 신천지 내부의 이야기들, 무엇보다 배도, 멸망, 구원의 사건에 대한 실상이 거짓이었음을 알았을 때 나는 그야말로 기절할 수밖에 없었다. 2월 한 달을, 아니 3월 중반이 넘어가는 지금까지도 나는 매일 혼란스러움과 두려움에 밤잠을 설치고 있다. 두려움 가운데 한 가지 큰 이유는, 만약이라도 내가 이곳을 떠나게 된다면 나는 철저하게 혼자가 된다는 점이다. 나의 20대가 오롯이 신천지에 남아있다. 내가 사랑하는 친구, 언니, 동생들이 있는 신천지다. 분명히 말하지만 나는 신천지가 너무 자랑스러웠고 나를 이곳에 불러주셨다는 것에 대해 너무나 감사했다. 육적인 가족보다도 이곳의 사람들과 더 가족과 같은 마음으로 살아왔다. 대학교 1학년, 심적으로 의지할 데 없었던 나는 동아리를 통해 전도되었다. 복음방이나 센터를 하는 동안 말씀에 대한 깨달음이 없었음에도 나는 너무나 가족같은 지체들과 함께 신천지 생활을 시작했었고, 11년간 신천지 생활 중, 인터넷의 정보들은 차단되어 있었으며 많은 교육과 훈련을 통해서 이 말씀에 대해 확신을 키워왔었다. 나는 신천지에 대해 단 한 번도 검증을 해보지 않고 여기까지 온 나 자신의 어리석음을 탓하는 중이다.

3월 17일

아마 중진급의 사명자들은 많이 느끼고 있었을 것이다. 인터넷 비방 자료를 보기 시작한 2월부터 내가 힘들어 하는 모습을 보이고, 성전에 붙어 있지를 않았으니. 이미 많은 사람들이 나에게 어떤 신앙적인 문제를 느꼈을 것이고, 내가 없는 사이 걱정과 우려로 나에 대한 이야기를 했을 것이다. 지난주 화요일 저녁 10시 경. 부장님을 만나서 교육부 총무를 내려놓고 싶다는 의사를 말씀드렸다. 애초 결심은 견딜 수 있을 때까지 견뎌보자는 생각이었지만 내가 무슨 영화를 보자고 참겠는가 싶고, 정말 더는 교육부에 남아서 사명자로 있을 수가 없었다. 딱히 변명할 것이 없어서 "개인적으로 돈이 너무 필요해서 이것저것 아르바이트를 많이 하고 있다. 총무 일을 하는 것이 더는 힘들 것 같다"는 말씀을 드렸다. 부장님께서는 이런저런 말씀들로 나를 설득하시고 상담하셨다. 우리의 과거 추억담을 이야기하셨고, 돈이 그렇게 필요하다면 전셋집을 빼고 합숙하는 아파트로 들어오면 되지 않겠느냐고 말씀하셨다. 미처 그것까지 생각하지 못했던 나는 별수 없이 그렇게 말씀드렸다. 꼭 돈이 문제가 아니라 내 마음이 문제라고. 그러나 부장님께서는 자신 또한 그렇다고 하지만 그냥 하는 것이라고 하셨다. 슬럼프도 있지만 어려운 것도 그냥 즐기면서 하는 것이라고 하시며 이런저런 말씀을 하셨다. 결국 나는 침묵하며 집으로 돌아왔고 방에 들어와서 한동안 불도 켜지 않고 펑펑 소리 내서 울었다.

3월 26일

며칠 동안 엉망이 되어 버렸다. 요즘은 설거지를 하다가, 청소를 하다가, 걷다가, 자꾸만 눈물이 흐른다. 입술을 깨물고 정신 차려야 한다고, 정신을 놓으면 안된다고 애를 쓰고 있건만 지금은 그저 어디로든 조용한 곳으로 사라지듯이 없어져 버렸으면 하는 마음뿐이다. 더는 사명에서 물러나겠다는 말을 할 수 없어 그저 조용히 지내려 했다. 하지만 지난주부터 담임강사님께서 진바신(진짜바로알자신천지) 카페의 중요성을 언급하시면서 "성도들에게 교안을 내려줘야 한다. 총회장님의 말씀을 녹취하고 예배 때도 바로 스피치가 가능하도록 해야 한다"며 그 일을 출판부 쪽에 맡기실 때 나는 너무나 괴로워질 수밖에 없었다. 이미 나의 마음은 신천지에 대한 신념이 무너졌고 '신천지가 진리가 아닐 수도 있다'는 것에 마음이 기울어진 상황에서 총회장님의 말씀을, 진바신을, 교안으로 작성하고 성도님들께 보급하고, 내려준다는 것은 너무나 위선적인 행동으로 여겨질 수밖에 없으며 내 양심이 견딜 수가 없는 일이었다. 지금의 나는 진바신이든 총회장님의 말씀이든 그것에 대해 가르치는 행동에 대해 어떤 것도 할 수가 없었다.

4월 10일

현재 나의 모습은 정말 ○○교회 식구들이 본다면 말도 안 되는 행동들이며, 이전의 나의 모습에 비춰본다면 믿어지지 않을 정도로 어이없는 행동일 것이다. 언니는 마플(마이피플)로 지난 금철(금요철야)에는 일부러 오지 않은 것인가를 물으셨다. 언니는 나에 대한 실망감을 참지 못하시고 그렇게 마플을 보내셨다. 나의 이런 태도가 ○○식구들을 남보다 더 못하게 대하는 거라며, 왜 이렇게 어리고 철없이 행동하느냐고. 너만 힘드냐고. 주변에 맘이 썩어 괴로워하고 피를 철철 흘리는 사람들이 얼마나 많은데, 그중에 너도 하나이지만 다 너 같이 행동하지는 않는다고. 지금 언니가 이렇게 나에 대해 실망하고 화가 나시는 건 당연하다. 나라도 그랬을 것이다. 그래도 나에 대해 잘 아시는 ○○ 언니이시니까. 현재 나의 신앙의 모습과 행동을 보시면서 한 번만이라도 내가 왜 이렇게까지 나오는지에 대해 생각해봐 달라고 하면 너무 큰 욕심일까? 모든 마플방을 나오고 마지막 ○○ 언니와의 대화마저도 단절된 나에게 찾아오는 연락이라고는 스팸문자나 통장에 입금을 독촉하는 문자뿐이다. 내가 신천지를 떠나서 세상에 간다면 이렇게 될 것이다. 아무도 없다. 내가 견딜 수 있을까? 그리고 이제 ○○살이나 된 내가 무엇을 할 수 있을까? 20대도 아니고 30대다. 생각하면 막막하기만 할 뿐이다. 신천지에서 11년이다. 얼마나 많은 웃음과 눈물과 다짐과 설렘과 기쁨과 후회들이 가득했는지 돌아보니 감회가 새로웠다. 그리고 그 가운데 함께 했던 지체들의 이야기가 가득했다. 새신자 때 ○○ 언니에게 받았던 엽서, 어린 왕자 그림을 보니 내가 생각났다며 써주셨던 부장님의 엽서, 편지들. 내가 정말 이런 인연들을 끊어낼 수 있을까? 잊고 살 수 있을까?

4월 21일

주일이다. 오늘은 주일 예배마저 드리지 않았다. 걱정이다. 벌써 이렇게 예배드리는 것 마저 힘들게 된다면 내가 얼마나 더 버틸 수가 있을까? 8시부터 계속 고민을 했다. ○○으로 갈까? 그냥 눈 딱 감고 ○○ 성전에서 예배를 드릴까? 하지만 고민 속에 결정을 내리지 못하고 결국 시간만 보내다가 예배마저 드리지 못하게 되었다. 지금 나의 마음은 어떤 것일까? 될 대로 되라는 것인가. 지난 금요일 너무나 몸이 아팠다. 식은땀이 비 오듯 쏟아지고 작은 방에 홀로 추위와 오한에 벌벌 떨고 있었다. 손과 발이 창백해지다가 결국엔 저려오고 덜덜 떨리기까지 했다. 약을 먹었음에도 전혀 효과가 없고, 나는 울면서 또다시 ○○ 언니가 생각났다. 언제부터였을까? 아플 때 '엄마'라는 말보다 '언니'라는 말이 먼저 생각나게 된 것은. 하지만 도저히 ○○ 언니에게 연락할 수 없었다. 지금 얼마나 나를 괘씸하게 생각하고 계시는데, 얼마나 나 때문에 괴로워하시는데, 그런 언니에게 아프다고 어떻게 연락을 하겠는가. 하지만 극도로 몸 상태가 안 좋아지자 겁이 났다. 떨리는 손으로 어렵게 핸드폰을 쥐고 언니 이름을 눌렀다. 문을 두드리는 소리가 들렸다. ○○ 언니였다. 나는 일어나 문을 열었다. 언니는 들어오자마자 컵에 물을 따라 주시며 약을 챙겨 주셨다. 그리고 문을 잠가 주시고는 밖으로 나가셨다. 아직 약국에서 일하실 시간일 텐데, 언니를 직접 오시게 해서 정말 죄송했고, 못나고 흉한 몰골로 그렇게 언니를 또 마주 대하게 되어서 죄송한 마음뿐이었다. 아플 땐 그냥 언니 목소리라도 들으면 좋겠다는 마음뿐이었다. 아프냐고 조금만 참아보라고 그렇게 위로해주는 언니의 목소리만이라도 들으면 힘이 되고 기운이 났었다. 몇 개월간의 시간이 너무나 길게만 느껴지고, 너무나 괴롭게만 느껴진다. 지금의 내 심정은 정말 어디로든 사라지고 싶은 마음뿐이다. 이제까지 내가 살아온 삶이 순탄치만은 않았기에 11년간 있었던 신천지를 부정한다는 것 자체가 내 인생에 있어 너무나 힘들고 괴로운 일이다. 가슴이 다 너덜너덜

해져 누더기가 된 것 같다. 하지만 그런 괴로운 마음으로 그냥 못 본 척 하고 덮을 수 없는 일들임을 느낀다. 인터넷의 비방을 선악과라고 치부 하기에는 너무나 많은 증거 자료들이 존재하고 있다. 그냥 지나칠 수 없 다. 그냥 덮어버리고 갈 수 없다. 이와 같은 모든 자료와 내용들이 조작 되었다고 하기에는 안티 신천지인들은 너무나 당당하며, 제발 신천지 측에서 고소해서 공개적으로 사실 여부를 따지고 재판하기를 희망하고 있다. 담임강사님께서 ○○이든, ○○이든, ○○교회든, 꼭 ○○가 아 니어도 좋으니 변화의 계기로 생각하고 다른 지역으로 가도 좋으니 어 떤가하고 물어보셨다. 현재의 내 모습이 중진으로서도 좋지 못하고 여 러 가지 소문과 함께 피해를 주고 있다고 하신다. 나에 대한 소문, 어떤 소문들이 있는 것일까?

5월 1일

4월 27일 토요일. 나는 서둘러 서울로 가는 버스를 탔다. 서울에서 신 천지 안티 블로그의 운영자를 만나기로 했다. 굳이 운영자를 만나고자 한 것은 나에게는 더 검증의 시간이 필요했기 때문이었다. 11년 있었던 신천지를 블로그의 글만을 보고 의심을 하고 떠날 마음을 가질 수는 없 는 일이었다. 그리고 블로그를 통해서 무수히 많은 자료들을 확인했음 에도 마음속에 불안함을 떨쳐버릴 수가 없었다. "내 선택이 맞는 것인 가? 나는 지금 객관적으로 확인해 보고 있는 것인가." 수도 없이 스스로 물어보았다. 백 번 천 번 스스로 물어보았다. 그러면서도 마음속에 "올해 안에 역사가 이뤄진다는데 정말 그럼 나는 어떻게 되는 거지", "완성되는 해라 더 미혹의 일이 있다고 하는데 내가 지금 그런 사람은 아닐까"하는 불안감들을 떨쳐 버릴 수가 없었다. 나는 더 확인하고 싶었고 더 알고 싶다. 안티 블로그 운영자를 만난 나는 더 말할 수 없는 이야기들을 듣게 되었다. 총회 쪽에서 있는 현재의 권력다툼 그리고 많은 동영상 자료와 증거물들을 보게 되었다. 몇 달 전이라면 상상도 못했을 일들이다. 이런 이야기들이 정말 내가 11년간 있었던 신천지에서 있어지고 있는 일인가 부정하고 싶었다. 정말 너무나 괴로웠다. 대화를 나누는 중에 셋째 언니에게 연락이 왔다. ○○○지파에 있는 언니. 저녁 7시 49분. 이 시간에 언니가 나에게 연락할 일은 없었다. 이미 언니에게는 저녁 늦게 서울에 도착한다고 말을 해 둔 상황이었고 평소 언니는 나에게 말씀에 대한 것을 물어보는 것을 제외하고는 전화나 연락을 하는 법이 없었다. 나는 '무엇인가 일이 일어났구나'라는 마음으로 전화를 받았다. 언니는 대뜸 언제 도착하냐, 아직 출발을 안 한 것이냐, 어디쯤이냐 하며 몇 가지를 물었다. '아, 언니가 뭔가 눈치를 챘는가.' 나는 직감했다. 나에 대해 어쩌면 총회나 교회에서 문제시하는 것은 아닐까? 그래서 언니에게 연락을 하고 나의 동태를 살피게 한 것이 아닌가? 그런 것 같다는 확신이 들었고 나는 더욱 괴로워질 수밖에 없었다. 애초 7월쯤으로 ○○를 떠날 생각을 하고 있었다. 그리고 두 달 정도의 시간 동안 어떻게든 언니를 돌이켜보고 싶었다. 하지만 그것도 수포로 돌아갔음을 느꼈을 때 나는 눈물이 날 수밖에 없었다. '친언니를 도와줄 수가 없겠구나. 결국 그렇게 되겠구나'라는 생각이 들자 왈칵 눈물이 쏟아졌다. 신천지에 남는다면 나는 어떻게든, 크던 작던 사명자일 것이다. 그렇다면 전도를 하고 이 말씀을 가르치고 신천지를 알리는 사람이 될 것이다. 그렇게 할 수 없다. 지금의 나는 절대 그렇게 할 수 없다. ○○지역은 특히나 젊은 청년들이 많이 전도되는 곳이다. 젊고 어린 사람들을 여러 가지 전도 방법을 통해서 데리고 와서 마음을 사고, 모든 정보들은 차단한 채 신천지 말씀의 정당성만을 가르치며, 이곳에 데리고 와서 다시 나와 같은 사람을 만드는 일을 나는 결단코 할 수가 없다.

5월 13일

이제야 나는 신천지가 지금까지 어떻게 흘러왔는지 조금이나마 느끼게 되었다. 이제까지 아무렇지도 않게 가르치고 교육했던 내용에 대해서 비방자들이 오류를 발견하고 문제시하면 그제야 '우리는 몰랐다. 우리 잘못이 아니다'하고 덮어버렸고, 차단되고 한정된 정보만을 수용하는 신천지인들은 그저 총회와 교회에서 말하는 것들만을 진실로 여기고 "우리는 의를 위해 핍박받고 있다. 저들이 진리를 알지 못해서 저렇게 말하는 것이다"라며 세월이 흘러갔고 신천기 30년까지 온 것이다. 최근에 게시글에서는 더욱 말로 다할 수 없는 내용이 올라오고 있다. 그 중에 한 게시글에는 게시 중지자가 "김○희 원장님"이었다. 글의 내용은 '내연녀'라는 것에 대한 내용이었다. 김○희 원장님과 총회장님에 대한 이야기. 루머일 뿐이고, 단순히 음모론이라고 하기에는 너무나 구체적이고 사실적인 증언과 증거들이 드러나고 있다. 이런 일들에 대해 누가 믿을 수가 있겠는가. 누가 상상이나 해봤겠는가. 어떻게 이런 일들이 진리의 성읍이라 한 신천지에서 일어나고 있다는 말인가. 몇 달간 모든 것을 멈추고 홀로 있는 시간을 갖다 보니 느낄 수가 있었다. 세상은 아무 일도 없이 그저 흘러가고 있다는 것을. 앞으로도 신천지 안에서 "14만 4000 완성의 해"를 외치던, "홍보와 승리의 해"를 외치던, "평화와 광복"을 외치던 세상은 지금까지와 마찬가지로 어제처럼 굴러가리라는 것을. 그저 신천지인들만 주입되는 정보에 의해 역사가 곧 완성되어질 것처럼 들끓었다가, 다시 식었다가, 다시 뭔가 될 것처럼 하다가 다시 식기를 반복하며 십 년이고 이십 년이고 지속되어 가리라는 것을. 참 우스운 일이지. 이렇게 신천지에서 일어나는 일들에 대해서 정작 신천지에 있는 사람보다 외부의 사람들, 이방인들이 더 잘 알고 있으니. 그러니 외부 사람들은 신천지 사람들을 바라볼 때, 불쌍한 사람들로 생각할 수밖에 없다. 본인들이 믿고 있는 신천지 안에서 어떤 일들이 일어나고 있는지 전혀 모르는, 혹은 들었다 해도 "절대 그런 일은 신천지에서 일어나는 일이 아니라고, 그것은 사람들의 오해고 거짓말이고 조작"이라고 외면해버리며 귀를 막아버리는 답답한 인생들이다.

5월 20일

지난 토요일, 블로그 운영자와 두 번째로 만나게 되었다. 블로그 운영자가 말하기를 개종교육에 온 대부분의 신천지 사람들은 처음에는 말도 듣지 않고 인정하려 하지 않지만 신천지의 책자들을 보여주며 배도,

멸망, 구원의 실상들이 거짓임을 알려주면 모두 통곡하며 그 자리에 주저앉는다고 했다. 그렇지만 개종상담은 오랜 시간이 걸리는 일이고, 끝끝내 마음을 닫고 듣지 않아 다시 신천지로 돌아가는 사람도 있다고 했다. 개종교육. 나는 새신자 교육을 진행했던 사람이기에 교재의 내용이 아직도 눈앞에 선하다. 개종교육의 대표적인 인물로 진씨와 신씨에 대해 언급하며 "그들은 돈을 받고 개종교육을 시키니 성도를 사랑하는 목자의 입장이 아니라 '개종 사업가'라고 불러야 한다"고 가르쳤었다. 한 번 교육을 시킬 때 30여만 원의 돈을 받고, 원룸 건물을 구하면서 또 돈을 받고 개종교육이 지체될수록 돈을 더 받는 그런 사람들이라고 말이다. 그리고 개종 사업가들은 감금과 폭행에도 불구하고 가족들을 이용해서 법망을 피해가는 나쁜 사람들이라고 가르쳤다. 총회로부터 하달된 교재에 명백하게 그렇게 기록이 되어있었기 때문이었다. 최근에서야 개종교육의 현실이 다르다는 것을 알게 되었다. 실제로 돈을 받고 개종교육을 진행하는 개종교육상담소는 운영에 필요한 경비만 받으며 대부분 회심자들의 감사헌금과 자비량으로 운영되고 있다고 한다. 또한 개종교육 때 수면제를 먹이고 감금, 폭행, 온갖 구타들이 자행된다는 것도 거짓임을 알게 되었다. 안티 카페나 블로그에서 말도 안 되는 인신공격만 하고 있다고 반증교육을 받았는데, 이런 현실이니 실제로 개종교육에 가서 여러 가지 내용들을 직접 확인하게 되면 웬만한 사람들은 신천지가 거짓임을 깨달을 수밖에 없게 되는 것이다. 신천지 말씀을 처음 대했을 때 나의 인생이 이렇게 뒤바뀌리라고는 상상조차 못했다고 한다면 그것은 너무 부족한 변명일까? 그저 처음에는 어머니, 오래된 친구나 선후배를 통해서 큐티를 하는 정도로 생각했다. 아니면 단순히 악기를 배우는 모임, 스터디모임, 봉사활동모임이나 그냥 길거리를 지나다가 우연히 설문지 한장 작성해주는 정도로 생각했을 것이다. 누가 이렇게 자신의 인생이 평범한 사람들과 달라질 것이라고 상상조차 할 수 있었느냐는 말이다. 그렇게 우연한 기회에, 정말 우연히 신천지의 말씀을 듣게 되고 여러 사람들의 친절과 사랑과 관심에 마음을 열고 이제까지 교회에서 듣지 못했던 비유풀이에 신기해하며 아전인수격으로 해석했다. 조작된 계시록의 실상에 마음을 빼앗겨 이 말씀만이 최고의 진리라고 생각하며, 말씀이 이렇게 이뤄졌으니 계시록에 약속된 나라와 제사장의 복도 언젠가는 반드시 이뤄질 것이라고 꿈꾸고, 5년이 지나고 10년이 지나도 역사가 더딘 것은 내 자신이 게으르고 열심히 뛰지 않은 것이 문제라고 자책하며, 그래도 하나님은 약속을 반드시 이루시는 분이시기에 언젠가는 꼭 이루실 것이라고 소망을 가지며 그렇게 세월이 속절없이 흘러간 것이다.

5월 31일

지난 토요일, 25일은 서울에서 걷기대회가 있었다. 현재로서 나는 어떤 부서에도 소속이 안 된 애매한 상황이기에 ○○가 직접 연락을 줘서 함께 하기를 청했다. 나도 알겠다고 답을 하고 토요일 아침 버스에 올랐다. 버스 안 사람들 속에서 느껴지는 어색함. 누구와도 웃으며 대화를 나누지 못하는 상황. 사람들은 나와 가볍게 인사하거나 안부를 묻고는 곧 옆사람들과 이야기를 나눴다. 목적지에 도착하고 사람들이 걷기 시작했다. 나는 많은 사람들 속에 휩쓸려 함께 걸어가기 시작했다. 길거리에 분장을 한 많은 청년들이 있었다. 아프리카 사람, 유럽 사람, 여러 해외 인종으로 분장한 청년들이 거리거리마다 가득했고 많은 사람들이 구경했다. 앞서 가던 나는 올림픽공원 반대편으로 길을 건넜다. 반대편 도로에서 바라본 올림픽공원은 경찰들과 많은 인파로 북적거렸다. 예전 같으면 그 많은 군중 속에서 자부심을 느끼고 역사의 한 현장이라며 자랑스러워했을 것이다. 그리고 전국에 이렇게 많은 사람들이 함께 같은 길을 걷고 신앙을 하고 있음에 안심했을 것이며, 많은 해외 언론사들, 해외 목사님들이 행사마다 함께하는 것을 보고 "아, 역사가 완성될 날이 얼마 남지 않았구나" 그렇게 마음이 들떴을 것이다. 그리고 이렇게 많은 사람들이 몰려오는 때 내가 뒤처지지 말아야겠다며 신천지 안에서 더욱 열심히 신앙을 해 나갔을 것이다. 하지만 이제는 이 모든 것들이 "신천지 성도들의 내부 단속용"이며 "보여주기 행사"이며 또한 "심리 전술"이라는 생각이다. 총회장님께서 단상에 올라 말씀을 전하시기 전에 굳이 해외 목사님들에게 악수를 청하셨던 모습, 굳이 해외 목사님들이 대표 기도를 하고, 말씀대성회 마무리에 나오셔서 간증하는 모습을 보며, '아, 이렇게 해서 이제까지 내부 안에 있는 문제들을 다른 쪽으로 돌려 시선을 분산시키고, 흔들리는 성도들의 마음을 안심시켜 왔구나'라는 생각이 든다. 몇백만, 몇십만의 성도를 가지고 있다는 해외 목사님들. 하지만 정확한 소속이나 사역하는 교회이름을 알 수가 없다고 한다. 안티신천지 회원들이 그 해외 목사님들에게 신천지의 실체를 알리는 편지를 보내고자 해도 도대체 어떤 교회를 담임하고 있는지 알 수가 없다는 것이다.

6월 3일

공개토론. 나도 신천지의 말만 들었을 때는 바벨론의 목자들이 공개토론에 나오지 않는 것으로 알았다. 비유에 관한 문제를 몇십 개 문제로 내서 편지를 보냈는데 아직도 답이 오지 않고 있다고, 공개토론을 하자고 해도 안 나온다고 말씀하시는 선생님의 말씀을 들으며 "아, 정말 세상에는 진리가 없구나. 진짜 공개토론해서 신천지의 말씀이 얼마나 대단한지 더 많은 사람들이 알게 되었으면 좋겠다"는 생각뿐이었다. 하지만 이제 그 말이 거짓이었음을 안다. 신씨든 아니면 다른 많은 목회자들이 내용증명을 통해 공개토론을 요청한 문서들을 보았다. 이미 수년 전에 총회장님과 신천지 총회 쪽에 공개토론을 요청한다는 내용증명을 보냈지만 도리어 공개토론에 불응하고 묵묵부답으로 일관한 쪽은 신천지 쪽인 것이다. 공개토론을 신청한 사람들은 방송사 사람들도 부르고 많은 사람들이 볼 수 있게 자리를 마련하자고, 직접 총회장님과 공개토론을 하고 싶다는 내용의 편지를 보냈지만 신천지에서 받아들이지 않고 있는 것이다. 그런 상황이면서 성도들에게는 반대로 가르치며 저들이 공개토론에 나오지 않고 있다고 말씀하시는 것이다.

6월 19일

　신천지에 온 것도 내가 선택한 것이었고, 신천지를 떠나는 것도 내 선택이니 그 책임도 내가 져야 한다고, 후회하는 감정 따위는 생각하지 말자고 스스로 다짐하고 있다. 처음 신천지를 만나게 되었을 때, 가지 말라고 붙잡았던 많은 사람들이 떠올랐다. ○○○동아리가 이단이라고 가지 말라고 했던 학과 친구, ○○앞에서 신입생 전도 활동을 할 때 내 팔목을 붙잡으며 이제 제발 그만하라고 말렸던 CCC 간사님, 추수밭에서 신천지인 것이 드러났을 때 신천지는 이단이라고 나를 설득하려 했던 추수밭 교회 사람들. 생각해보니 그렇게 많은 사람들이 조언했었다. 신천지에서 사명이 높고, 신임을 얻고 바쁠수록 진실을 확인할 마음도, 여력이 없을 것이라는 생각이 든다. 누군가를 가르치는 입장이라면, 똑같은 자료를 보았더라도 그것을 확인하기보다는 그에 대한 반증을 생각하고 어떻게 하면 수강생들이, 성도들이 미혹되지 않을까를 생각하게 될 것이다. 직분이 높을수록 매일 목표를 달성하기 위해 바쁘게 움직이며, 신천지에 관한 의문을 가질 시간조차 없을 것이다. 그저 앞만 보게 만든 경주마처럼 달려가기 바쁘니까. 당장에 다음날 센터 강의 준비만으로도 허덕일 것이며, 당장에 개강 목표 달성을 위해 전도활동을 해야 하고, 상담하러 돌아다녀야 하며, 틈틈이 생계를 위해 아르바이트를 해야 하고, 그런 상황 가운데서 정신없이 하루하루 살아갈 것이다. 게다가 사람들에게 인정받는 입장이라면 더욱더 열심히 뛰고 달릴 것이며, 신천지 안에서 가정을 꾸리고 아이를 낳고 생활한다면 더 이상 신천지에 대한 의구심을 가질 필요도, 그것을 확인할 이유도 없어질 것이다.

나 또한 그랬다. 식사할 겨를 없이 바쁜 일정에 하루는 금세 지나갔고, 피곤함에 지쳐 씻지도 못하고 잠들 때가 많았다. 때로는 정장을 갈아입을 정신도 없이 그대로 잠든 적도 많았다. 그렇게 바쁜 와중에 신천지에 대한 의문이 들 겨를이 없고, 의문이 든다 하더라도 곧장 잊어버리고 또다시 바쁜 하루하루에 쫓기듯 살아가게 되는 것이다.

일기장을 닫으며

저의 글을 읽어주시고 기도와 위로를 해주신 많은 분들에게 감사를 드립니다. 이제까지 글에서 그러했듯 진실된 마음으로 하나의 꾸밈이나 거짓 없이 마지막 글을 적어보려 합니다. 본래 지금까지의 글은 제가 이탈을 작정한 날, 공주교회의 몇몇 사람들에게 우편으로 보내고자 작성하던 것이었습니다. 10여 년간 함께 지냈고, 적어도 저의 진심을 조금이라도 헤아려 줄 만한 사람들에게 보낼 생각으로 적어나갔으며, 이탈한 것이 교회에 알려지기 전에 신천지에 대한 진실을 알릴 수 있기를 소망했습니다. 하지만 이탈 1~2주 전부터 교회의 분위기가 심상치 않았고, 몇몇 사람들을 통해 저의 움직임을 살피는 것을 느끼게되었으며, 제 안전이 보장되지 않는 상황으로 인해 본래의 뜻대로 이 글들을 보내지 못한 채 이탈하게 되었습니다.

10 부록:만화

- 가만히 들어온 자(타교회 전도방법)
- 가만히 들어온 자(가가호호 방문 전도방법)
- 우리나라에는 없어!
- 거짓말하지 마라!
- 이렇게 하면 신천지 OK!

가만히 들어온 자
타교회 전도방법

신천지는 교회를 직접 방문하여

실제 출석하는 성도 수, 예배시 성도들의 반응과 전체 분위기 등을 살펴본다.

가만히 들어온 자
가가호호 방문 전도방법

10. 부록: 만화

우리나라에는 없어!

이렇게 하면 신천지 OK!